뻔뻔하게 요구하고 화끈하게 들이대라

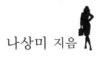

나상미 지음

어문학사

뻔뻔하게 요구하고 화끈하게 틀이대라

나상미 지음

어문학사

PROLOGUE

안녕하세요, 대한민국에서 일하는 여자 나상미입니다. 저에게는 올해 8살이 된 딸이 있습니다. 그런데 문득 제 딸이 물어보지 않았는데도, 자기 생각을 주절주절 이야기합니다.

"엄마! 나는 엄마처럼 일하는 엄마가 될 거야!"

사실 이 말에 어떤 대답을 해줘야 할지 많이 망설였습니다. 나처럼 일하는 엄마가 되라고 해야 하는지, 그냥 일 안 하는 좋은 엄마가 되라고 해야 하는 건지, 어떤 것을 선택해도 후회는 남을 것이라고 해야 하는 건지, 말이죠. 사실 대한민국에서 일하는 여자로 사는 저도 어떤 선택이 맞는 건지 잘 모르겠습니다. 그 말에 정답은 없겠죠. 남편은 그렇게 말하는 딸에게 불쑥 한 마디 내뱉습니다.

"딸, 그냥 돈 많은 남자 만나서 결혼 잘하면 돼!"

남편이 내뱉은 말에 저는 틀렸다고 반박할 수 없었습니다. 사실 저도 마음속으로는 그것을 바랐는지도 모릅니다. 남편의 발언에 깜짝 놀라 눈이 동그래진 사람은 바로 제 딸이었습니다. 딸은

뻔뻔하게 오~하~ 화끈하게 들이대라

눈을 동그랗게 뜨고 아빠에게 따지듯이 말을 하기 시작했습니다.

"아빠! 돈 많은 사람과 결혼한다고 해서 다 행복한 것은 아니야, 아빠는 드라마도 안 봐? 돈 많다고 다 행복하고 사랑하는 것은 아니라고 엄마가 말했어. 하고 싶고, 되고 싶은 것을 위해 사는 게 더 행복하다고 말이야. 난 그래서 의사가 될 거야. 나도 엄마처럼 일하는 엄마가 될 거라고."

딸의 말에 가슴이 아려오기 시작했습니다. 사실 대견하고 기뻐해야 하는데, 앞으로 펼쳐질 딸의 앞날이 걱정되었기에…….

대한민국에서 여자로만 살 것인지, 여자로도 살 것인지는 자신의 선택입니다. 물론 어느 쪽을 선택하든 후회는 있습니다. 그런 나는 이미 여자로도 사는 인생을 선택했습니다. 여자로도 사는 인생이란, 한 마디로 일하는 여성이라 말하고 싶습니다. 특히 대한민국에서 여성으로 일하는 것이 얼마나 힘든 일인지, 더군다나 이 글을 읽는 독자가 워킹맘이라면 그 힘든 강도가 얼마만큼인지 말하지 않아도 느낄 수 있을 겁니다.

5

일하는 여성이 결혼 후 사회에서 인정받는 경우가 얼마나 될까요? 대학 입학생의 절반이 여성이고, 각종 고시 합격생의 절반이 여성인 시대에 분명 여성은 스스로 능력을 인정받을 수 있어야 합니다. 하지만 그 많고 많던 능력 있는 여성들은 결혼과 출산이라는 커다랗고 높은 산을 넘으면서 하나둘씩 사회에서 낙오되고

맙니다. 사회의 편견, 지금도 존재하는 차별 같은 외적 장벽과 출산, 육아, 가사, 시댁이라는 내적 장벽을 넘지 못하고 그냥 엄마로만 사는 것을 선택하기도 합니다. 이들을 이해할 수 있을 것도 같습니다. 저 역시 그러고 싶은 마음이 굴뚝 같은 사람 중 한 명이었기에. 하지만 저는 지금 12년 차 직장인으로, 여덟 살 딸과 여섯 살 아들을 둔 두 아이의 엄마로 그 장애물들을 잘 견뎌오고 있습니다. 이제는 조금씩 능력을 인정받고, 아이들 역시 저를 일하는 멋진 엄마로 생각해줍니다. 그동안 그만두고 싶다는 생각을 할 정도로 매우 힘들었습니다. 힘들다고 포기하려 했으면 하루에 열두 번도 사표를 내던져야 했을지 모릅니다. 주머니 속에 늘 사표를 가지고 다니며, 더럽고 치사할 때 멋지게 내 던지고 떠나고 싶다고 말하는 남성들처럼 여성들 역시 마찬가지입니다. 육아 문제와 여러 가지 내적 장벽들로 힘들고 지칠 때는 주머니 속에 숨겨놨던 사표를 멋지게 내던지고 싶은 마음. 대부분의 일하는 여자들은 같은 마음이지 않을까요?

저는 대한민국에서 가장 나쁜 엄마입니다. 일한답시고 온종일 아이들에게 참고 버티라 했습니다. 아파도 약을 먹으면 된다고 했습니다. 그러면서 직장에서는 아무 일도 없었다는 듯이 열심히 일했습니다. 아니 열심인 척 한 거죠. 여자가 집안일로 직장에서 일을 등한시한다는 말을 듣기 싫었기 때문입니다. 물론 그런 저 때문에 아이들과 남편이 많은 희생을 했고 도움도 줬습니다. 그래서

뻔뻔하게 오구하니 화끈하게 튕이대라

저는 늘 미안해야 하는 나쁜 엄마입니다. 그래도 그런 나쁜 엄마에게 멋지다고 엄지손가락을 들어 올려주는 아이들이 매우 고마울 뿐입니다.

이렇게 나를 위해 격려해주는 아이들, 그중 저와 같은 여자로 살게 될 제 딸을 위해 이 엄마가 뭘 해줄 수 있을까요? 딸이 이십 년, 삼십 년 후 저처럼 엄마가 되어 일하는 여성이 되었을 때 여성들이 사회에서 인정받고 리더가 될 수 있는 여건이 될 수 있을까요? 답은 "아니다"입니다. 그래서 저는 제 딸이 사는 시대에는 좀 더 완화된 세상의 편견과 사회적 제도가 바뀔 수 있게, 딸을 위한 기반을 만들어야겠다고 생각합니다. 그 방법이 앞으로 대한민국에서 일하게 될 딸을 위해 절실히 필요할 것 같습니다. 그렇지 않으면, 오십 년 전과 지금이 별 차이가 없는 것처럼 이십 년 후도 지금과 아니, 오십 년 전과 별 차이가 없을 듯합니다. 그래서 오늘도 열심히 일합니다. 온전한 나를 인정받기 위한 온갖 걸림돌을 하나씩 걷어차며, 딸이 맞이하게 될 새로운 시대를 위해.

딸이 당신에게,

"나도 엄마처럼 일하는 엄마가 될 거야!"라고 말한다면 어떻게 대답해 주겠습니까?

대한민국에서 일할 내 딸을 위해.
대한민국에서 일하는 엄마가.

CONTENTS

Chapter 2

평생직장은 없다, 꿈이 평생직업을 만든다

Chapter 3

대한민국에서 가장 나쁜 엄마가 되라!

Chapter 4

일터에서는 여자가 아닌 리더다

Chapter 1

여자로 태어난 것은
도기 사유가 아니라, 도전 사유다

1. 여자로만 산다는 것, 여자로도 산다는 것

처음 초등학교에 입학했을 때, 가정조사서를 작성했던 때가 떠오른다. 그때 부모님의 최종학력을 중졸이라고 썼던 기억이 난다. 우리 엄마의 최종학력은 중졸이었다. 옆에 있는 친구들의 가정조사서를 몰래 훔쳐봤을 때, 그래도 대부분 엄마의 최종학력은 고졸이었다.

지금부터 약 30여 년 전, 그 당시 우리네 엄마들의 시대는 지금처럼 고등교육을 받거나, 엘리트 집단의 직업인이 되기에는 몹시 어려운 때였다. 엄마의 유년시절에는 학교 공부를 더 하고 싶어도 하지 못했고, 집안에 어렵게 태어난 아들을 위해 여자로서 많은 희생을 감수해야 했다.

1992년 10월 MBC 방송국에서 「아들과 딸」이라는 드라마가 방영하였다. 이 드라마는 시골이 주 배경이었고 남아선호사상을 주제로 하였다. 한국 드라마 역대 최고 시청률 집계에서 7위를 기록하였는데, 시청률이 무려 60% 이상을 넘었다. 1남 3녀의 남매를 둔 부모가 등장하며, 4남매 가운데 아들로 태어난 귀남이를 위해 세 자매는 희생을 강요당한다. 특히 극 중 4남매의 어머니로 등장하는 탤런트 정혜선은 조선 시대에서도 볼 수 없었던 남아선호사상 맹신도였다. 극 중 둘째 딸로 나오는 후남_{후남이 다음에는 꼭 아들을 달라는 뜻}이의 이름만 보더라도 남아선호사상이 그대로 드러난다. 부모는 딸들의 학교 공부를 포기시키며 돈을 벌게 했고, 아들에게는 공부를 시켰다. 후남이는 공부도 잘하고, 문학적 재능도 뛰어나지만, 아들의 성공만 바라는 어머니의 바람으로 학교 공부를 포기해야 했다. 그리고 어머니는 후남이가 공장에서 일해서 귀남이의 학비를 벌어오기를 바랐다. 또한, 후남이가 공부를 잘해서 성공하면 동생인 귀남이의 성공을 방해한다는 잘못된 생각을 하고 있었다. 그런 후남이는 자신의 목표를 위해 집을 나갔고 문학적인

15

재능을 가지고 출판사에 취직하였다. 그녀는 어렵게 돈을 모아 야간대학에 다니며 소설가의 꿈을 꾸었다. 어머니가 애지중지하는 귀남이는 사법고시 시험에 몇 번을 낙방하고 은행원으로 취직해서 평범한 삶을 산다.

「아들과 딸」이라는 드라마는 그 당시 선풍적인 인기를 끌었다. 아들의 성공을 위해 딸들의 희생을 강요하는 모진 어머니를 보며, 시청자들은 화를 내기도 하고 후남이를 불쌍히 여기기도 했다. 드라마가 방영된 그 시절에는 남아선호사상이 그리 이상한 현상이 아니었다. 그 시대에는 아들을 선호하는 시절이었고, 여자들이 대학공부를 하는 것이 흔한 일이 아니었기 때문이다. 당시 여자들은 여자상업고등학교를 졸업해서 취직하거나, 결혼 후 집에서 가정주부로 지내는 것을 당연하게 생각했다. 그래서 그 당시에 일하는 여자들을 '팔자가 센 여자'라 불렀다.

20여 년 전 그러한 생각이 지금은 얼마나 바뀌었을까? '10년이면 강산이 변한다'는 말이 있다. 하물며 20년이 지난 지금 강산이 변해도 두 번은 변했을 시기인데 적어도 20년 전보다 사람들의 인식은 더 진화되고 깨어있지 않을까? 불행한 것은 그 당시 10대였던 내가 지금 30대가 되어 여성에 대한 사회 인식을 보니 그리 많이 변하지 않았다는 생각이 든다. 물론, 대학을 졸업한 후 해외에서 유학 생활을 하고 각종 박사 학위를 취득하며, 각종 고시에서 반 이상이 여성 합격자인 것은 20년 전보다 많이 발전한 것임에 틀

뻔뻔하게 오수하니 화끈하게 들이데라

림없는 사실이다. 하지만 직장 생활과 결혼생활에서 여성은 아직도 20년 전과 크게 달라지지 않았다. 높은 점수로 대학졸업을 하고 어려운 고시에 합격해도, 직장과 가정에서는 별수 없이 여성의 역할을 기대받는다. 그리고 여성이 일할 때에는 끊임없는 성차별이라는 현실적인 장애 요인을 만난다. 여성, 남성이라는 성차별이 아닌 여성이기에 감당할 수밖에 없는 임신과 출산, 육아와 가사라는 현실적인 어려움이 도사리고 있다.

성공한 여성 선배의 부재로 어려움을 함께 극복하고 대변해줄 멘토도 없고 사회는 여성에게 남성보다 더 큰 능력을 요구하기도 한다. 이러한 사회적인 외적 장애물뿐만 아니라, 여성의 내적 장애 요인도 여성의 성공을 방해하기도 한다. 여자가 큰 소리로 말하거나, 자신의 주장을 너무 힘주어 말하는 행동이 남들에게 너무 강해 보일까 봐 괜한 걱정을 한다. 그리고 남자들보다 앞서 행동하거나 적극적으로 나서는 행동을 잘난 척하는 모습으로 비칠까 봐 쉽게 행하지 못한다. 이러한 여성의 내적 장애 요인은 여성 스스로 만든 장애물이다.

사회는 아직도 여자는 작은 목소리로 말을 해야 하며, 절대 나서지 않아야 하고, 남자들의 성공을 위해 희생을 감수해야 하는 존재로 인식하는 것 같다. 이러한 기준에서 조금이라도 튀는 행동을 하면, "저 여자 너무 나댄다"고 생각하기 마련이다.

1981년 우리 엄마는 일을 시작했다. 그 당시 중졸이었던 엄마는 '회사원'이라고 불리던 그런 직장인이 아니었다. 내가 세 살 때부터 그릇 공장에 다니셨는데, 엄마는 종일 그릇에 유약 바르는 일을 하셨다.

그 당시 일하는 여성은 딱 두 가지 부류였다. 업무적으로 능력을 인정받는 커리어 우먼과 집안 생계를 위해 발 벗고 나서야 했던 자발적 생계부양자였다. 엄마는 후자의 역할을 위해 밖으로 나서야 했다. 아버지가 일하셨지만, 엄마는 어려운 살림살이를 일으켜 보겠다고 내가 세 살 되던 해 일하기 시작하셨다. 많이 배우지도 못하고 큰 능력이 있었던 건 아니지만, 엄마는 그 공장에서 25년을 넘게 일하셨다. 25년이 되었을 때는 그릇에 유약 바르는 업무로는 최고가 되셨다. 하루도 쉬는 날 없이 당신의 일을 존중하고 귀하게 여기며 일하셨고, 늘 나에게 이렇게 말씀하셨다.

"여자도 일을 해야 한다. 꼭 인문계 고등학교 가서 대학도 나오고 취직해라. 공부 열심히 해서 좋은 직장에 취직해. 엄마처럼 여름에 에어컨도 안 나오는 공장 말고, 여름에 에어컨 앞에서 일하고 겨울에는 따뜻한 히터 앞에서 일하는 그런 직장에 취직해. 그게 엄마 소원이야."

늘 여름이면 엄마의 몸은 땀띠로 점령당했다. 그래서 퇴근하고 오셔서는 부랴부랴 얼음으로 온몸을 찜질하셨다. 겨울이면 털신을 신고 걸어서 출퇴근했고, 차가운 유약을 맨손으로 만지셨다. 그래서 엄마는 늘 우리 삼 남매 중 특히 딸인 나에게 좋은 직장에

뻔뻔하게 오수하니 하끈하게 틈이대라

취직하라고 말씀하셨다. 그런 엄마 덕분에 여자도 사회에서 성공할 수 있으며, 일과 가정을 다 이룰 수 있다는 믿음이 생겼다.

사회는 20년 전보다 여성의 사회 진출에 대한 이론적 인식이 많이 바뀌었다. 하지만 이론적 인식을 뒤로 한 채 여성에 대한 편견은 20년 전이나 10년 전이나 그리고 지금이나 크게 바뀌지 않았다. 아니 한 50년 전쯤이나 지금이나 크게 바뀌지 않았다고 하는 것이 맞을 것 같다. 말로는 여성의 능력을 인정하고, 여성이 사회에서 능력을 발휘할 수 있도록 제도를 정비한다고 한다. 하지만 실제로 여성이 사회에서 성공하기 위해 아무리 발버둥을 쳐도 늘 그 자리에 머물 수밖에 없는 것이 현실이다. 한 발짝 나서면 만나는 외적 장애물과 또 한 발짝 나서면 만나는 내적 장애물로 여성은 스스로 그 길을 되돌아가기 때문이다. 이제는 여성 스스로 만들어 놓았던 내적 장애물을 버리고, 외적 장애물을 걷어내기 위한 준비가 필요하다.

마냥 여자로만 살기 위해 태어난 게 아니다. 여성도 사회에서 리더가 될 수 있다. 나 자신과 그리고 내 딸을 위해 일어서야 할 때다.

2. 모성본능? 나를 0순위로 등급 업 시켜라

　'모성본능'이라는 단어를 떠올리면 함께 따라다니는 단어가 하나 더 있다. 바로 '어머니'다. '어머니'라는 단어는 동시에 가족을 위하고, 내 자식을 위한다는 의미가 떠오르기 마련이다. 내 가족을 위해서, 내 자식을 위해서 희생과 배려는 당연히 감수해야 한다고 생각한다. 그 희생이 자의든 타의든 어머니는 그래야 한다는 고정관념 속에서 이제까지 그렇게 해 왔다. 예로부터, 우리네

뻔뻔하게 요구하고 화끈하게 들이대라

엄마들은 모성이라는 굴레에서 벗어나지 못하고 항상 가족이나 타인을 위해 희생하는 존재로 여겨져 왔기 때문이다.

어머니라는 존재는 늘 좋은 것은 남편과 자식에게 먼저 주었고, 맛있는 음식은 늘 먼저 자식의 입에 넣어줬다. 내 자식 입에 맛있는 음식이 들어가서 기뻐하는 모습만 봐도 배가 부르다고 했다. 또한, 사회에서 남편이 인정받는 모습을 보면 마치 자신이 이룬 것처럼 기뻐하고 성취감을 느끼기도 한다. 이렇듯 어머니는 자신을 위한 것은 항상 나중으로 미루고 남편과 자식을 위한 것을 우선순위로 설정한다. 늘 가족이 어머니 삶에 0순위다. 예전에도 그랬고 지금도 그렇다. 물론 지금은 사회에 진출하는 여성이 증가하면서 많이 바뀌었지만, 여전히 이러한 생각은 알게 모르게 도처에 자리 잡고 있다. 마치 여자라면 꼭 지녀야 하는 덕목이 모성본능이라고 생각하는 것처럼 말이다. 그렇다면, 모성본능이 여성에게 어떠한 작용을 하고 있을까?

은혜 씨는 마케팅 회사의 기획 업무를 담당하고 있다. 올해 5년 차 직장 생활을 하는 그녀는 업무 능력이 뛰어나다. 다른 남성 직원들과 비교해도 손색이 없을 만큼 기획력이 탁월해서 항상 좋은 기획안으로 주위에서 인정받는다. 그래서 주위 남자 직원들은 항상 그녀와 한팀이 되어 프로젝트를 성공시키려고 한다. 그녀의 섬세하고 꼼꼼한 기획력과 아이디어는 그들이 생각해도 뛰어나기 때문이다. 하지만 능력이 뛰어난 그녀는 그에 합당한 승진을 하지 못했다. 이상하게도 프로젝트를 성사시키면 늘 같은 팀에 있던 남자 직원이 그녀 대신 승진을 하기 때문이다. 은혜 씨는 늘 보이지 않는 곳에서 기획하고 아이디어를 내지만, 앞에 나서서 프레젠테이션을 하지 못한다. 여자가 앞에 나서서 발표하면 잘난 척한다는 인식을 할까 봐 걱정이었다. 그래서 그녀는 다른 남자 직원이 해낼 수 있도록 늘 돕기만 하는 입장이었다. 자신의 기획으로 다른 남자 직원이 프레젠테이션을 하고 승진하는 모습을 보지만, 그녀는 불만을 갖거나 기분 나빠하지 않는다. 자신이 그들에게 도움을 줄 수 있다는 것만으로도 충분하다고 생각하기 때문이다.

22

여성 내면에 자리 잡은 내적 장애물 중 한 가지는 바로 이 모성 본능이다. 어머니가 가정에서 가족을 위해 희생했던 고귀한 여성성은 여성이 사회에서 성장하는 데 걸림돌이 되고 있다. 여성은 남을 배려하고 돕는 여성 고유의 성질을 가지고 있어야 한다는 고정관념이 여성 스스로 벽을 만들게 했다. 그래서 무의식적으로 여성이기에 남을 먼저 생각해야 하고, 그들을 도울 수 있다는 것만으로도 충분하다고 생각하는 것이다. 그래서 은혜 씨는 프로젝트를 성공으로 이끈 자신의 기획을 자신의 업적으로 알리지 않는다. 다른 사람들이 잘해서 또는 그들이 도와줘서 된 것이라고 자신의 공을 다른 이들에게 돌리게 되었다. 하지만 남성들은 그런 은혜 씨의 마음을 고맙게 여겨줄까? 남성들은 자신의 업적이 아닌데도 그들의 것으로 만들고, 그들의 능력으로 이룬 것이라고 여긴다. 그러면서도 여성에 대한 미안함이 있는지는 모르겠다. 당연히 여성은 남을 위해 희생하고, 배려를 해도 되는 존재로 생각하는 것인지도.

이렇듯 모성 본능 기질은 여성이 사회에서 성장하는 데 커다란 걸림돌이 되는 것이 현실이다. 여성이 자기주장을 펴고 자기가치를 분명히 알리려고 하면 사람들은 여성을 좋지 않은 시선으로 바라본다는 것이다.

사회에서 이미 남성은 원래 리더의 성질을 갖고 태어났고, 여성은 남을 돌보고 희생하며 배려해야 하는 성질을 갖고 태어났다는 인식이 깊이 뿌리박혀 있다. "남자는 늘 일 등을 해야 한다. 여자아이들처럼 놀면 고추 떨어진다. 남자는 씩씩해야하고 울면 안 된다. 맞고 들어오면 안 된다." 등등 어렸을 때부터 남성의 리더의식을 강요한다. 그리고 여자아이를 대할 때에는 "여자가 큰 소리로 말을 하면 안 된다. 여자는 조용히 있어야 한다. 뛰어다니면 안되고, 남자아이들처럼 과격하게 놀지 마라. 여성스러워야 시집을 잘 간다. 이기려고 하지 마라. 무조건 양보해라" 등등 어렸을 때부터 여성스러움을 강요당하기 마련이다. 어렸을 때부터 남성과 여성의 기질을 강요당하며 성장하니 성인이 되어서 그러한 인식들을 버리지 못하는 것이다. 특히나 여성은 남을 돕고 배려하며, 인내해야 하는 기질에 구속당하고 있다.

더 이상 모성본능이라는 단어의 속박에 여성 스스로 자신을 구속시키지 말아야 한다. 여성도 자신의 업적이나 성공을 알려야 하며, 내세울 수 있어야 한다. 남을 위해 일하고 그것으로 충분하다는 생각은 더 이상 여성이 사회에서 성장할 수 없는 걸림돌일 뿐이다. 여성 스스로 노력하지 않으면 누구도 알아주지 않는다. 남을 위해 먼저 일하고 돕기 전에 자신을 먼저 우선순위로 생각해야 한다. 이젠 더 이상 나중으로 미루지 말고 나 자신을 0순위로 생각해라. 모성본능이라는 단어는 어머니의 고귀한 성품을 일컫는 말이다. 절대 남의 성과를 위해 여성 스스로 희생하라는 의미의 단어가 아니다.

뻔뻔하게 요구하고 화끈하게 들이대라

3. 우는 것은 수탉이지만, 알을 낳는 것은 암탉이다

'여자 셋이 모이면 접시가 깨진다'는 속담이 있다. 이 말은 여자들이 모이면 생산성 없는, 쓸데없는 말을 늘어놓거나, 누군가를 험담하며 없는 말을 지어낸다는 의미다. 이는 예로부터 여자들이 하찮은 일을 하는 사람이고, 영향력 있는 일을 해내지 못한다는 생각으로 만들어진 말이다. 하지만 지금은 그렇지 않다. 영향력 있는 여성이 하나둘씩 세상에 모습을 드러내고 있다. 그녀들을 우리는 여성 리더라 부른다.

　2013년 1월 19일 대한민국 최초 여성 대통령이 탄생했다. 박근혜 대통령은 51.6%의 득표율로 대한민국 제18대 대통령이 되었고, 대한민국 역사상 최초이자 또 마지막이 될지도 모를 여성 대통령이다. '과연 여성 대통령이 탄생할 수 있을까?'라는 많은 사람의 걱정과 기대를 뒤로한 채 박근혜는 당당하게 대한민국의 대통령이 되었다. 이제 그녀에게는 여성 대통령이라는 수식어가 필요 없다. 그녀는 한 나라의 대통령이기 때문이다.

　미국의 시사주간지 「타임」지가 2014년 세계에서 가장 영향력을 행사할 인물 'The world's most powerful person'으로 미국 연방 준비제도이사회 FRB 의장 지명자인 자넷 옐런Janet Yellen을 지목했다. 미국 연방 준비제도 이사회 FRB를 이끄는 의장은 '세계 경제 대통령'이라고 불릴 정도로 영향력 있는 위치다. 미국뿐만 아니라 세계 경제 및 금융시장에 미치는 영향력이 매우 상당하기 때문이다. FRB 역사상 100여 년 만에 처음으로 여성 의장이 탄생했다. 재닛 옐런은 어려서부터 교사인 어머니의 영향으로 경제에 일찍 눈 떴고, 대학에 입학하여 그 당시에는 흔치 않았던 여성 경제학도가 되었다. 그런 그녀가 '세계 경제 대통령'으로 지명되었다는 것은 더 이상 이상한 일이 아닐 것이다.

　또한, 마가릿 대처Margaret Thatcher 전 영국 총리와 앙겔라 메르켈Angela Markel 독일 총리 역시 금녀의 벽을 허물고 자국에서

뻔뻔하게 요구하고 화끈하게 들이대라

총리가 되었다. 그리고 2011년 미국 「포춘fortune」지 선정 글로벌 500대 기업 중 여성 CEO는 12명이나 있었다. 그중 '싱글맘'의 딸로 태어나 뉴욕 빈민가에서 성장했고, 흑인 여성으로서는 처음으로 미국 500대 기업 중 하나인 제록스Xerox의 CEO가 된 우르술라 번스Ursula Burns가 무척 인상적이다. 그녀는 1980년 인턴으로 제록스에서 첫 일을 시작하였고, 승진을 거듭하여 2001년 제록스를 파산 위기에서 구해내기도 했다. 그녀가 비록 싱글맘의 딸로, 흑인으로 태어났지만 2011년 포춘지가 선정하는 글로벌 500대 기업 중 448위, 여성 CEO 중 11위를 기록한 바 있다.

그런가 하면, 2013년 12월 16일 칠레 대통령에 중도좌파 미첼 바첼레트Michelle Bachelet가 당선되었다. 그녀는 2009년 칠레 대통령으로 당선되었고, 4년 후 다시 재집권하는 기록을 남겼다. 그녀는 62%가 넘는 득표율을 기록하였고, 2014년 3월 새 정부를 공식 출범시켰다. 이혼녀에 두 아이의 엄마이기도 한 그녀는 진정한 여성 리더의 모습을 보여주고 있다.

여성대통령이 선출되고, 여성 경제대통령이 지명되며, 여성 CEO가 글로벌 기업을 이끄는 시대임에도 불구하고 아직도 답답하게 세상은 남성 위주로 흘러가는 것 같다.

페이스북 COO최고 운영 책임자 셰릴 샌드버그Sheryl Sandberg는 그의 책 『린 인Lean In』에서 세계가 변하고 있음에도 여전히 남성 위주로 세상이 돌아가고 있다며 이런 말을 했다.

"여성대통령이 선출되었다 할지라도 전 세계 독립국 195개국 중 여성이 수장인 나라는 17개국뿐이며, 여성 국회의원은 전 세계 국회의원의 20%에 불과하다"

"기업 세계에서 여성 리더 역할을 맡은 비율은 정계보다 훨씬 낮다. 미국 포춘지 선정 500대 기업의 CEO 가운데 여성은 4%에 불과하다. 한국에서 여성이 리더 역할을 맡는 비율은 대기업 중역의 경우 2%, 이사의 경우 1%에 불과하고, CEO의 경우 1% 미만이다" 고 덧붙였다.

세계도 마찬가지이지만, 대한민국은 아직 여성에 대한 편견에서 자유롭지 못하다. 오천 년 전부터 만들어져 있던 가부장적인 생각들은 아직도 여성은 리더가 될 수 없다는 편견을 갖게 한다. 세상이 바뀌고, 사람들의 의식이 바뀌었다 할지라도 세상의 편견에 맞선 암탉이 된다는 것은 쉬운 일이 아니다. 그만큼 수탉들의 거센 반발과 무시는 안 봐도 뻔하다. 대한민국에서 수탉들의 싸움이 가장 치열한 곳 중의 한 곳이 있다. 바로 경찰이다. 경찰에는 처음부터 여자 경찰관이 존재하지 않았다. 1946년 7월 1일 여경이 창설되기 전에는 남자들의 전유물이었다. 여경이 창설된 후로도 직업 특성상 여경은 많은 인원을 선발하지 못했다. 그래서 현재도 10만 경찰 중 단 6% 정도만 여자 경찰관이다. 이러한 경찰 조직에서 경찰의 '넘버2'인 최초 여성 치안정감이 탄생하기도 했다. 바로 이금형 치안정감이다. 그런가 하면 여경 총경의 인원이 늘고

뻔뻔하게 ㅇㅜㅎㅏㄴ 화끈하게 들이대라

있기도 하고, 남자들의 전유물이라 생각했던 형사과에도 여경이 증가하는 추세다. 남자가 많은 경찰 조직에서 여성들은 보이지 않는 '유리 천장'을 깨고 리더가 되기 위해 싸우고 있다.

대한민국의 여성 CEO 즉, 여성 리더는 이뿐만이 아니다. 한경희 생활과학 대표 한경희, 다희연 회장 박영순, 에코맘 코리아 하지원, 펀비즈 최영, 동구제약 회장 이경옥 등 여러 방면에서 여성으로 기업을 이끌고 당당히 리더 역할을 하는 CEO도 세상에서 빛을 발하고 있다. 이제는 점점 더 많은 여성 리더가 자신의 각 분야에서 능력을 발휘할 날이 올 것이다.

21세기에는 감성과 상상력이 풍부한 여성들이 조직과 사회의 핵심이 될 것이라고 한다. 각 단체와 기업들은 이러한 여성 인력의 적극적인 활용은 국가 경제의 발달과 지속적인 성장에 큰 영향을 미칠 것이다. 글로벌 시대가 도래하면서 여성의 역량은 그 어느 때보다 주목받고 있다. 힘이 주력이 되었던 20세기 산업사회와는 다르게 21세기에는 여성의 섬세함과 유연함이 세상을 바꿀 수 있을 것이다. 이제 더 이상 여성은 집 안에서 접시만 깨트리는 존재가 아니다. 예전엔 수탉이 울고 암탉이 알을 낳았지만, 지금은 암탉이 알을 낳고 꼭두새벽에 운다는 것을 부정할 사람은 없을 것이다.

4. 여자로 태어난 것은 포기 사유가 아니라 도전 사유다

여자로 태어나 세상에서 빛을 발한다는 것은 쉬운 일이 아니다. 여성이기에 포기해야 하고 여성이기에 제약되는 일이 한두 가지가 아니기 때문이다. 세상에는 여성이 할 수 있는 일보다 할 수 없는 일이 더 많다고 여겼었다. 그러한 사회적 인식과 여성이 가지고 있는 내적 장애물 때문에 여러 가지 일에서 많은 여성이 포기하려고 한다고 알고 있었다. 하지만 여성이기에 가능한 일이 세

뻔뻔하게 요구하고 화끈하게 들이대라

상에는 아주 많다는 것을 미처 생각하지 못한 것 아닐까.

한경희 스팀청소기로 유명세를 탄 한경희는 원래 5급 공무원이었다. 잘 나가던 5급 공무원이었던 그녀가 안정된 직장을 그만두고 전자제품 사업에 뛰어든 이유는 무엇일까? 과연 어떤 계기가 있었을까? 그녀는 평범한 직장인이었고 가정주부였다. 대부분의 여자들이 다 그렇겠지만, 그녀가 가장 하기 싫은 일은 걸레질이었다. 무릎을 꿇고 걸레를 밀며 하는 걸레질은 힘만 들고 또 제대로 닦이지도 않았다. 그러다 우연히 슈슈 스팀다리미를 보고 한경희 스팀 청소기를 개발하게 되었다. 물론 처음부터 개발이 쉬운 것은 아니었다. 몇 번의 시행착오 끝에 자신의 이름을 브랜드로 만든 '한경희 스팀청소기'를 만들었으며, 홈쇼핑에서 큰 성과를 거두었다. 그리고 이제는 다른 전자제품 등을 개발하는 데 힘을 기울이고 있다(『7cm하이힐의 힘』[2013, 황금사자] 참고).

걸레질이 힘들다고 서서 하는 스팀 걸레를 만들겠다는 생각을 남자들이라면 과연 할 수 있었을까? 하지만 남자들이 미처 알지 못했던 걸레질의 고통을 여성들은 잘 알고 있었다. 늘 힘들고 고통스러운 것이라고 알고 있었기에 여성의 눈에서 문제점을 파악했고 또 아이디어를 얻었다. 사용자가 여성이기에 당연히 여성의 눈과 머리에서 나온 아이디어는 금세 여성들에게 큰 인기를 얻었고 생활의 편리함을 선사할 수 있었다.

여성의 눈으로 시작된 사업은 이뿐만이 아니다. 음식물 처리기 전문기업 루펜리의 대표 이희자는 사회에서 주목받는 여성 CEO다. 음식을 하면서 남은 음식물 처리의 문제점을 파악하였고 이 대표는 음식물 처리기를 개발하였다. 처음에는 사람들의 부정적인 시선도 있었으나, 시간이 흐를수록 루펜리의 진가를 알아보는 여성들이 늘어났다. 그리고 이 대표 역시 여성 생활의 삶의 질을 높이는 편리함을 선사할 수 있었다.

한경희 생활과학 한경희 대표와 루펜리 이희자 대표는 여성의 눈으로 여성이 생활하는 데 불편했던 점들을 개선하고자 문제점을 파악하고 편리함을 선사했다. 여성의 결정 능력이 강해지고 여성의 주머니에서 돈이 나오는 21세기에 여성을 대상으로 하는 마케팅으로 성공할 수 있었다. 오히려 이들이 여자였기 때문에 이러한 일에 도전이 가능했던 것이다.

여성도 직장에서 리더가 될 수 있다는 사실은 두말할 필요도 없다. 여성이라고 해서 리더가 될 수 없는 것도 아니며, 여성이라고 해서 포기해야 할 이유도 없다. 최근 각종 고시에서 반 이상의 합격자가 여성이며, 반 이상이 대학교 이상의 교육을 받는다. 예전과 다르게 여성이라고 해서 교육을 덜 받는 시대도 아니며, 남성에 비해 영특하지 못한 것도 아니다. 오히려 구술 능력이나 타

뻔뻔하게 요구하고 확근하게 돌이대라

협의 기술은 남성보다 여성이 훨씬 월등하다는 것을 내가 일하면서도 느끼고 있다. 특히 신임 경찰관 면접에서는 그 사실이 객관화가 된다. 남자 응시자들보다 여자 응시자들이 자신의 의견을 더 조리 있게 말한다. 설득력도 강하며, 말도 더듬지 않는다. 긴장하지도 않으며, 매사에 적극적인 모습을 많이 볼 수 있었다. 또한, 여성은 구술 능력과 타협의 기술 외에도 멀티태스킹이 가능하다는 장점이 있다. 멀티태스킹이란, 한 번에 여러 가지 일을 동시에 하는 능력이다. 여성은 전화를 받으며, 다림질을 할 수 있고, 누군가 초인종을 누르면 현관문을 열어 줄 수 있다. 반면에 남자들은 한 가지 일에 집중하면 다른 일을 할 수 없다. 이는 여성이 양쪽 뇌를 이용해 말과 신체언어를 더 빠르게 처리하는 능력이 있기 때문이다. 감정중추인 대뇌 변연계가 남성보다 크기 때문에 멀티태스킹이 가능하기도 하고, 화술 능력도 뛰어난 것이다. 그리고 감정의 변화를 갖기에 여성이 더 감성적이 될 수밖에 없는 생물학적 특성이 있다.

어느 한 조사에서 샴푸를 어떤 기준에서 고르는지 여성과 남성에게 각각 물어보는 설문조사를 했다. 나는 그 설문조사 결과를 보고 몹시 황당했다. 여성의 대답은, '가격, 기능성, 디자인, 용량, 향기, 이벤트 제품 등등'이었다. 그러면 남성은 샴푸를 어떻게 고를까? 나는 웃을 수밖에 없었다. 남성의 대답은, '그냥 샴푸라고 써진 것을 보고 고른다'였다.

Chapter 1

여성은 한 가지 사물을 관찰할 때, 여러 가지 기준에서 한 가지 일을 비교한다. 또한, 일을 할 때도 한 가지 기준으로 생각하지 않고 여러 방안을 놓고 손익을 계산하며 토의하거나 비판하는 일을 중요시한다. 즉, 회의나 토의를 통해서 결과를 도출하려는 성향이 강하다는 것이다. 하지만 남성은 예를 들어 샴푸를 사려고 했을 때는 다른 기준을 생각하지 않고 단지 샴푸로 사용될 수 있는 한 가지만 생각하고 구입한다. 즉, 회의나 토의 그리고 손익 계산 등은 별로 중요하게 생각하지 않고 단순한 결정을 하는 경우가 많다. 그냥 빠른 시간에 결정하는 것이 일하는데 더 효율적이라고 생각하기 때문이다.

21세기는 20세기처럼 힘으로 지배하는 시장이 아닌 두뇌와 감성을 움직이고 발전시키는 감성 시장이 성장하고 있다. 과거 권위적인 리더가 지배하고 권위적인 남성 우월적인 인식이 시장을 움직였다면, 이제는 힘이 아닌 감성과 화합을 중시하는 여성이 시장을 움직일 것이다. 때문에 기업이나 단체는 여성 인력을 고용하고 발전시키는 일을 큰 투자로 여기고 실행할 것이다. 점점 여성이 이 사회에서 성장할 수 있는 기회가 더 많아질 것이다.

뻔뻔하게 요구하고 화끈하게 들이대라

Chapter 2

평생직장은 없다.
꿈이 평생직업을 만든다

1. 백마 탄 왕자 꿈을 아직도 꾸니?

어릴 적 『잠자는 숲 속의 공주』라는 동화책 이야기를 즐겨보았다. 지금 내 딸도 그 동화책 이야기를 알고 있다. 특히 『신데렐라』, 『인어공주』, 『잠자는 숲 속의 공주』, 『백설공주』 등의 동화책에는 어김없이 등장하는 인물이 있다. 바로 왕자, 그것도 꼭 잘생긴 부잣집 왕자였다. 『잠자는 숲 속의 공주』에서는 왕자가 백마를 타고 와서 공주에게 키스하면 공주가 긴 잠에서 깨어나 둘은 행복

뻔뻔하게 요구하고 화끈하게 들이대라

한 삶을 꾸리는 내용이 나온다. 어려서부터 그와같은 동화책을 접해서인지 어른이 되어서도 여성들 사이에서는 언젠가는 백마 탄 왕자가 찾아와서 자신을 공주로 만들어 주리라는 환상을 갖기도 한다. 마치 가만히 앉아 있어도 자신이 공주가 될 수 있는 것처럼 말이다. 하지만 백마 탄 왕자는 백 년을 기다려도 오지 않는다. 왜냐하면, 동화 속 이야기이기 때문이다. 그렇다면 동화 속이 아닌 TV 속 내용은 어떤가? TV 속 드라마에도 늘 백마 탄 왕자가 있다. 바로 재벌가의 아들이다. 그 재벌가의 아들은 늘 평범하고 착한 여자를 좋아한다. 그래서 현실 속 평범한 여자들은 언젠가는 저런 드라마 속 이야기의 주인공이 될 수 있을 거로 생각한다.

여성들에게 "꿈을 꿔라! 도전해라!"라고 하지만, 여성들은 백마 탄 왕자를 만나는 꿈을 꾸며 노력한다. 현실에 맞설 생각을 하지 않고 "어떻게 하면 돈 많은 남자를 만나 신분상승을 해볼까?" 또는 "돈 걱정 하지 않고 편하게 살아볼까?"하는 헛된 꿈만 꾸는 여성이 많아지고 있다. 자신은 가지고 있는 돈이 많지 않으면서 결혼할 남자는 자신보다 열 배 정도 많은 돈을 가지고 있어야 하고 집도 있어야 한다고 생각한다. 그리고 능력 있는 남자를 만나 돈 걱정하지 않고 편하게 살며 늘 쇼핑하는 명품족이 되고 싶어 한다. 하지만 그렇게 돈 많고 능력 있는 남자가 평범하고 뭐 하나 이루지도 않은 여자 앞에 "짠!"하고 나타나리란 생각은 오산이다. 그런 조건의 남자가 흔치 않은 것도 사실이며, 젊은 나이에 재력이 있다는 것은 남자의 능력이 아닌 그 남자 부모의 재력이라는 것을 알아야 한다. 사랑보다는 재력을 위해 결혼하고자 하는 여성들이 많아져 요즘은 재벌가 입성을 위해 성형하는 여성이 증가했다. 이런 상황은 현실 이전에 드라마에서 나타났고, 이 시대 여성들은 그런 드라마를 보며 대리만족을 느끼기도 한다.

TV 속 드라마를 좋아하니 드라마 한편을 깊숙이 살펴보자. 드라마의 내용은 모두 불공정거래라는 것을 먼저 알아야 한다.

높은 시청률을 기록하며 방영되었던 SBS「결혼의 여신」에서는 재벌가의 아들과 결혼한 여성과 평범한 남자와 결혼한 워킹맘이 나온다. 재벌가의 큰아들과 결혼한 극 중 유진 엄마^{이태란}는 재벌가의 며느리가 되기 위해 아나운서라는 직업을 포기하고 사랑 없는 결혼을 하였다. 결혼 후 남편의 외도와 시어머니의 갖은 멸시를 겪으면서도 재산과 명예를 잃지 않기 위해 버티며 안간힘을 쓰는 내용이 나온다. 도저히 결혼 생활이 이루어지지 않을 것 같았지만, 서로의 필요에 의해 둘은 부부로 살아간다. 시댁과의 마찰이 있을 때마다 자신들의 이익을 추구하기 위한 거래를 통해 협상을 하며 다시 재벌가의 며느리 역할을 쭉 이어나간다. 한편 평범한 집안의 남자와 결혼하고 네 명의 아이를 낳아 키우면서 직장에 다니는 워킹맘인 조민수는 워킹맘의 현실을 여과 없이 알려준다. 아등바등 일하며, 시간에 쫓기며 다니지만 누구 못지않게 행복한 삶을 보여주고 있다. 나 역시 이 드라마를 보면서 극 중 조민

뻔뻔하게 요구하고 화끈하게 들이대라

수와 같은 삶을 살고 있고 또 그렇게 살고 싶다고 결심했던 적이 있다.

드라마에는 단골처럼 재벌가 아들과 평범한 여자와의 사랑 이야기가 나온다. 또, 재벌가의 며느리로 입성하지만 살아온 환경이나 생각의 차이로 갈등이 형성되고 행복하지 못한 삶을 사는 내용이 전개된다. 결론은 여자들이 늘 동경하고 꿈꿔왔던 백마 탄 왕자와의 결혼 생활은 늘 순탄치 못하다. 물론 드라마의 허구 속 이야기지만, 현실 속에 전개되는 이야기도 그와 크게 다르지 않으리라는 것을 우리는 알고 있다. 다만, 그 이야기를 통해 경험해 보지 못한 것에 대해 대리 만족을 느끼는 것뿐이다. 그 대리 만족을 위해 드라마가 있는 것이지 절대 현실과 착각하라고 드라마가 있는 것이 아니다. 하지만 아직도 일부 여성들은 이러한 백마 탄 왕자를 목이 빠지게 기다리고 있으니 안타까울 뿐이다.

39

일부 여성들은 스스로 노력하지 않으면서 능력 있고 돈 많은 남자나 재력이 좋은 부모가 있는 남자를 만나 단숨에 신분 상승을 노리는 생각을 하기도 한다. 그래서 여자가 좋은 대학 나온 뒤, 성형까지 하고 바르게 살면 좋은 남자를 만날 수 있다고 생각한다. 여자들의 최종 목표가 마치 능력 있는 남자, 돈 많은 남자를 만나는 것이라는 말도 안 되는 착각을 하는 것 같다. 이는 사회구조나 남성들의 잘못된 시각이 아니라 여성 스스로 만들어 낸 고정관념이다.

여성은 스스로 사회에서 영향력을 행사하지 못한다고 생각한다. 그리고 스스로 약한 존재라고 인식하기에 자신을 리드해줄 수 있는 남자를 원하기도 한다. 스스로 불가능이라는 구덩이를 파서 들어가는 모습과 다를 게 없다. 여성은 적당히 일하다 능력 있는 남자를 만나 결혼하고 집에서 남편을 내조하면서 아이들을 키우면 된다는 고정관념이 여성이 사회에서 능력을 발휘하고 성장할 수 없게 하는 걸림돌이라는 것을 까맣게 잊고 있는 것이다.

현실에서 백마 탄 왕자는 없다. 행여 있다 해도 백마 탄 왕자는 남자일 뿐이다. 여성은 이제 가만히 앉아 있으면 백마 탄 왕자가 와서 키스를 해 줄 것이라는 생각을 버려야 한다. 여성의 성장을 가로막는 신데렐라 콤플렉스는 이제 잊어야 한다. 더 이상 백마 탄 왕자를 기다리다 지쳐 나이만 먹는 늙은 공주가 아닌 자신의 능력을 발휘하고 사회에서 성장하는 리더가 되어야 할 것이다. 이제 꿈을 꿔라! 백마 탄 왕자 꿈이 아닌 여성 스스로 백마를 타고 성장하는 공주가 되는 꿈을.

뻔뻔하게 요구하ㄴ 하ㄹ끈하게 들이대라

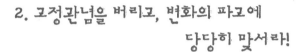

2. 고정관념을 버리고, 변화의 파고에 당당히 맞서라!

고정관념을 극복하기는 어렵다. 그것도 사회에 뿌리박힌 여성에 대한 고정관념은 더욱더 그렇다. 여성에게 꿈은 늘 지극히 현실적이거나, 아주 비현실적인 두 가지로 나눌 수 있다. 스스로 할 수 없으리라는 생각으로 아주 평범한 일을 꿈으로 생각하기도 하며, 현실에서는 이루지도 못할 꿈을 이룰 수 있는 꿈이라 착각하기도 한다. 물론 비현실적인 꿈은 여성이 결혼하게 되면 차차 없어지기도 하지만, 그 꿈이 없어지면서 가족의 꿈을 자신의 꿈으로 착각하기도 한다. 대부분의 사람이 마찬가지겠지만, 여성이 사회의 고정관념과 관습에서 벗어나는 것이 분명 쉬운 일은 아닐 것이다.

'여자는 차분해야 하고, 목소리도 작아야 하고, 앞에 나서서 말하면 안 되고, 남편보다 잘 나면 안 된다'는 등 여성에 대한 사회의 고정관념은 일일이 열거하기 힘들 정도다. 오천 년 전부터 뿌리내려진 한국사회의 가부장적인 성격은 오천 년 동안 여성을 옥죄었다. 이런 사회적인 고정관념은 쉽게 없어지지 않고 있으며, 또 없어지지 않을 것이다. 그래서인지 여성은 그러한 사회의 고정관념에서 벗어나거나 새로운 것에 도전하는 일을 쉽게 결정하지 못하는 것 같다. 남들의 시선이나 사회의 시선, 그리고 여성 스스로의 판단에 자유롭지 못하기 때문이다.

나는 스무 세 살에 경찰관이 되었다. 그 당시 경찰관이라는 것은 남자들의 전유물이라 여겼었고, 여자가 경찰관을 하면 팔자가 드세다고 생각했다. 내 주위에는 교사나 학원 강사가 되겠다고 하는 사람이 더 많았기에 경찰관의 꿈은 주위를 더 놀라게 했다. 그것도 대학도 아직 졸업하지 않은 나이에 결정했던 직업이기에 가족들과 친구들은 처음부터 날 응원해 주지 않았다. 지금은 좀 나아졌지만, 그 당시 여자 경찰관은 전체 경찰관의 3%도 채 되지 않았다. 경찰관이라는 직업은 설명하지 않아도 어떤 일을 하는지 알 것이다. 그런데도 여자의 몸으로 경찰관이 되겠다는 것은 스스로 여자이길 포기하겠다는 것과 다르지 않았다. "여자가 그냥 적당하고 얌전한 직업 갖고 있다 시집만 잘 가면 될 것을 얼마나 하겠다고 드센 경찰관을 한다는 건지……"라는 주위의 시선을 나는 철저히 무시했다. 남자들 틈에서 살아남을 수 있으리라 생각했고 나는 여자로만 살고 싶지 않았기에.

예로부터 여성은 약하다고 여겨졌다. 밖에서 일하는 남편을 내조하고 가족을 돌보며, 늘 희생하기를 기대했다. 여성이 사회에 진출해서 자신의 능력을 펼치고 큰 소리를 내면 '남자 잡아먹을 여자'라는 부정적인 인식도 있었다.

여성도 남성과 똑같은 사람이다. 남자가 밖에서 돈을 벌어오고 여자는 집에서 살림해야 한다는 시대는 갔다. 그리고 사회의 고정관념도 조금씩 허물어지기 시작했다. "남의 여자가 밖에서 일하는 것은 상관없지만, 내 여자가 밖에서 일하는 것은 안 된다."는 남성들의 인식은 지금도 존재하지만, 그래도 이 정도면 여성도 큰 목소리를 낼 수 있는 시대가 된 것 같다. 이제는 여성 스스로 만든 고정관념과 사회의 아직 남아 있는 고정관념에서 벗어나야 한다. 그리고 새로운 것에 도전하는 변화를 두려워하지 말고 즐겨야 한다. 익숙한 것에서 벗어나는 게 두렵다고 새로운 것에 도전하는 것을 포기해서는 안 된다. 변화를 즐기고 도전하는 것을 두려워하지 않는다면 세상이 만들어 놓은 고정관념과 여성 스스로 만들어

43

놓은 고정관념에서 벗어날 수 있을 것이다. 고정관념에 맞서고, 변화의 파고에 당당히 맞서야 한다. 고정관념은 단지 사람들이 만들어 놓은 단순한 정의일 뿐이다.

뻔뻔하게 오누하고 화끈하게 튼이데라

3. 꿈꾸는 엄마가 아름답다

"엄마! 엄마는 꿈이 엄마가 되는 거였어?"

"엄마? 엄마는 꿈이 뭐였지?"

"엄마! 엄마는 꿈이 엄마가 되는 거였잖아. 그러니깐 지금 엄마 하고 있잖아."

"엄마도 꿈이 있었는데……. 엄마는 좋은 엄마가 꿈이었나봐."

별안간 물어보는 딸의 물음에 나는 쉽게 답을 할 수 없었다. 꿈이 뭐냐는 질문에 뭐라 대답을 해야 할지 몰랐기 때문이다. 어렸을 때 이루고 싶었던 꿈을 말해줘야 하는 건지, 지금 되고 싶은 것을 말해줘야 하는 건지 심하게 갈등했었다. 그러고 보니 나는 이렇다 할 꿈이 없었다.

세상 대부분의 엄마들은 결혼과 동시에 꿈이라는 녀석을 잊고 산다. 자신의 꿈이 무엇인지 스스로 물어볼 여유도 없이 가족을 위해 살아왔다. 그래서 사람들은 엄마가 새로운 꿈을 설계한다는 것을 불편해하고 어색해한다. 엄마는 그저 옆에서 자신들을 위해 헌신하기만을 기대하기 때문이다. 하지만 엄마도 꿈을 꿀 수 있다는 것을 알려야 할 때가 된 것 같다. 엄마도 소녀의 감수성을 가지고 하고자 하는 일에 도전해보고 싶은 욕망이 있다는 것을 가족이 알아줬으면 한다.

올해 46세가 된 영희 씨는 기능직 공무원이다. 결혼 후에 두 아이의 엄마가 되었고 꿈이라는 것을 꿔보지도 못했다. 그런 그녀는 문득 자신의 인생이 너무 허무하다는 생각이 들었다. 그래서 결혼과 동시에 포기해야 했던 공부를 늦게나마 다시 시작하기로 결심했다.

"여보! 나 대학원 다닐래요. 애들아! 엄마 대학원 입학할 거야."

"뭐라고? 나이 먹고 무슨 공부? 그냥 이대로 살면 되지. 무

뻔뻔하게 오구하고 화끈하게 들이대라

슨 공부를 또 해? 그럼 살림은 어쩌고?"

"결혼해서 14년을 살림하고 일하고, 직장 다녔으면 된 거지, 이제 내가 하고 싶은 것 좀 하겠다는데 그게 그렇게 안 되는 일이에요?"

"그게 아니라, 그럼 애들은 누가 챙기고 집안일은 어떻게 하냐는 거지."

"애들도 다 커서 알아서들 하면 되고, 집안일은 당신이랑 번갈아 하면 되지요."

"다 늙어서 무슨 공부를 하겠다고 해서 집안을 시끄럽게 만드는 거야!"

"난 해야 하니깐 그렇게 아세요! 그리고 너희들도 그렇게 알아. 이젠 스스로 해!"

영희 씨 제 2의 꿈은 이렇게 시작되었다. 가족의 반대에도 불구하고 그녀는 꿈을 위해 대학원에 입학했고, 정신분석심리사가 되기 위해 계속된 공부와 연구를 하고 있다. 그렇게 꿈을 위해 달려온지도 4년이 지났고, 이제는 그녀의 꿈을 응원해주는 가족들이 되었다. 이제 2년 정도 공부를 하면 그녀는 지금 직장을 퇴직한 이후에 전문적인 정신분석심리사로 활동하려 한다. 그 꿈을 위해 포기하지 않고 어려움을 극복해서 자신의 꿈을 실현시키고 있는 그녀 역시 대한민국 엄마다. 엄마도 꿈 꿀 수 있고, 도전할 수 있다는 것을 여실히 보여주고 있다.

사람은 죽는 날까지 성장하고 그 기쁨으로 살아간다. 꿈은 사람을 늘 성장하게 한다. 꿈이 있고 도전하는 삶은 스스로 긴장감을 부여할 수 있으며, 스스로의 인생을 설계할 수도 있다. 결혼 전보다 결혼 후의 인생이 더 가치 있다. 그러기에 결혼 후에 비로소 들리는 꿈의 외침을 무시하지 말아야 한다. 꿈꾸는 엄마가 아름다울 수 있다는 것을 기억해야 한다.

지금 당장 스스로에게 물어보아라.

"꿈이 뭐니?"

뻔뻔하게 요구하고 화끈하게 들이대라

4. 평생직장은 없다
꿈이 평생직업을 만든다

　　"올해 공무원 10년 차에 접어들었습니다. 그런데 요즘은 일이 재미 없어요. 처음 공무원이 되겠다고 결심했던 마음가짐과는 달리 얼마 지나지 않아 그 마음가짐은 온데간데없어졌어요. 물론 공무원이라는 직업이 늘 새롭거나 신기한 일이 일어나는 것은 아니라는 걸 알아요. 그걸 모르고 공무원이 된 것도 아닌데 요즘 문득 그런 생각이 더 많이 드네요. 그래서 좀 쉬어볼까, 아이를 낳았을 때도 쓰지 않았던 육아 휴직을 쓰고 싶어요. 공무원이라는 직장 하나만 가지고 있으면 평생을 안정된 분위기에서 재밌게 일할 수 있으리라 생각했는데 다른 일을 하고 싶다는 생각이 드네요. 이제 전 어떻게 해야 할까요?"

— 지방공무원 10년 차, J 씨

직장 생활을 하는 여성들이 7~10년 정도가 지나면 이런 의문이 생긴다.

"내가 선택한 직장은 나에게 잘 맞는 직장일까? 내가 재미있어서 일하나? 뭔가 새로운 경험을 하고 싶다. 어디로 떠나볼까?"

직장에서 어느 정도 직위에 오르는 이 시기에는 처음 입사했을 때처럼 흥미롭고 신기한 기분을 느끼지 못한다. 일하는 능률도 처음보다 많이 향상되었고, 모든 일이 어렵지 않게 느껴지는 시기이기 때문이다. 사람의 욕심은 한도 끝도 없다. 직장에 취직만 하면 좋겠다던 생각은 어느새 직장에서 인정받고 싶다는 생각으로 바뀐다. 그리고 직장에서 인정받게 되면 다시 새로운 일을 하고 싶어 한다. 새로운 일을 다시 시작해서 처음에 느꼈던 설렘을 다시 만나고 싶은 욕심이다. 그래서 이 시기의 여성들이 택하는 것이 휴직이나 퇴사다.

"잠깐 머리 좀 식혀야 할 것 같아요. 생각을 정리 해야겠어요.

뻔뻔하게 요구하고 화끈하게 들이대라

내가 하고 싶었던 일이 무엇인지 다시 한 번 생각 좀 해야 할 것 같아요. 해외에 나가서 영어나 배우고 올까 봐요."

직장을 쉬거나 그만두고 택하는 일은 더 나은 삶이 아닌 그냥 대책 없이 무의미할 뿐이다. 직장 생활을 하면서도 정리하지 못했던 생각을 해외에 나가면 해결할 수 있다는 것은 더 이상 새로운 일을 하지 않겠다고 선언하는 것과 마찬가지다.

지방직 공무원 10년 차인 그녀 역시 처음에는 설레는 마음으로 공무원이 되기 위해 불철주야 노력했을 것이다. 대학을 졸업하고 취직을 하기 위해 공무원을 선택했고 평생직장을 얻기 위해 누구보다 더 열심히 공부했다. 자신이 꿈꾸던 직장 생활을 생각하며 3년 동안의 힘든 여정을 감사하게 여겼다. 공무원이 되기만 하면, 더 이상 바랄 게 없을 거라며 이룬 그의 공무원 꿈은 현실에서 더욱 그녀를 힘들게 했다. 적성에 맞지 않은 일을 해야 했고, 늘 똑같은 업무를 다람쥐 쳇바퀴 돌리듯 반복해야 했다. 공무원이라는 보수적인 집단에서 여성의 입장에서 일하는 것 역시 쉬운 일이 아니었다. 처자식이 딸렸다는 이유 하나로 남자들에게 승진을 양보해야 했다. 하지만 그런 이유는 그녀에게 문제 되지 않았다. 그보다 더 힘들었던 것은 그녀 자신이 스스로 매사에 나약해지고 있다는 사실이다. 그런 장애물을 이겨볼 노력을 하지 않고, 그 상황에서 도피하려고 할 뿐이었다. 결국, 그녀도 다른 여성들처럼 다르지 않은 선택을 하려 한다. 그냥 쉬거나 관두거나……

"저는 직장 생활 시작한 지 벌써 20년이 되었습니다. 처음에는 너무 힘들었지만, 새로운 일을 한다는 것에 늘 설레었죠. 하지만 저 역시 권태기를 느꼈습니다. 10년 정도 지나니까 일에 재미를 느끼지 못하겠더라고요. 직장을 그만둘 수도 없었고, 그만둔다고 해도 할 수 있는 일이 없었어요. 그래서 그만둘 엄두도 못 냈죠. 물론 직장 생활이 재밌지는 않았어요. 저의 밥벌이니까, 어떻게 해서든 평생직장으로 삼고 싶었거든요. 그래서 낙오되기 싫었어요. 제 주위에 직장 생활을 하는 여성 직원들은 그 사이 많은 수가 직장을 그만뒀습니다. 아이들 핑계도 있었지만 제 생각엔 일이 재미가 없었던 것 같아요. 그도 그럴 것이 만날 같은 일을 하는데 재미가 있었겠어요? 새로운 일을 하고 싶었던 마음 저도 이해합니다. 그런데 어느 날 문득 이런 생각이 들었습니다. 내가 과연 언제까지 이 일을 할 수 있을지, 퇴직 후에는 내가 무슨 일을 해야 할지 갑자기 막막해지더라고요. 그래서 저는 직장 12년 차 되었을 때 저의 새로운 비전을 찾았습니다. 바로 배드민턴이었죠. 배드민턴 클럽에 가입해서 운동을 열심히 했고, 여러 사람을 만나 대화도 많이 했습니다. 저녁마다 운동하니 기분도 좋아지고 삶의 활기가 느껴졌습니다. 3년 정도 운동을 열심히 했더니 거기서 만난 사람들과의 인맥관계가 더없이 넓어지더라고요. 각계각층의 사람들과 몸을 부딪치며 운동을 했고, 저는 그들의 원만한 인맥관계로 클럽의 회장이 되었습니다. 지금 배드민턴을 배운지 10년 정도가 되었어요. 이제

뻔뻔하게 오十하ㄴ 화끈하게 들이대라

제가 뭘 하는지 아세요? 배드민턴 개인 강습을 하기 시작했습니다. 얼마나 기쁜 일인가요? 운동 덕분인지 운동으로 인해 얻어진 자신감 때문인지 직장 생활을 하는데도 정말 하나도 지겹지 않더라고요. 저는 퇴직 후엔 배드민턴 개인 강습과 코칭센터를 하나 해 볼까 해요. 정말 생각만 해도 떨리지 않나요?"

직장 생활 20년이 된 그녀는 직장에서의 권태기를 새로운 비전을 찾으며 극복했다. 직장에서 얻지 못했던 설렘과 가슴 떨림을 운동을 시작하며 다시 느끼기 시작했다. 다른 여성 직장인은 아이를 핑계로, 집안 사정을 핑계로 일을 관두는 일이 생겼다. 하지만 그녀는 운동을 배우며 인맥을 넓혔고, 자신의 능력을 더 인정받겠다는 핑계로 직장 생활에 더 열심히 임했다. 운동을 하며 넓혀진 인맥들을 이용해서 직장 생활에서의 어려움도 극복할 수 있었다. 그리고 클럽에서 회장직을 맡으며 그녀의 리더십은 더욱 향상되었다. 그녀가 찾은 새로운 비전은 그녀를 꿈꾸게 했고, 그 꿈은 퇴직 후의 새로운 직업을 설계하게 되었다. 그녀는 직장 생활에서 배웠던 업무처리 능력으로 클럽에서도 인정받았다. 그녀는 이제 새로운 꿈을 가지고 제2의 직업을 위해 앞을 보며 뛰어가고 있다.

나 역시 공무원이다. 10년 차가 되었을 때, 내 존재감을 느껴보지 못해 힘들었던 기억이 난다. 늘 비슷한 업무를 하고, 사람 다루는 일을 터득해서인지 일 처리 면에서는 빠르고 완벽했다. 그러나

처음 경찰관이 되겠다고 결심하고 느꼈던 가슴 떨림은 어느새 사라졌다. 하지만 다들 그렇듯이 다른 사람들도 모두 이렇게 산다며 스스로 위안을 삼고 직장과 가정에 충실했다. 남들에게 일 잘한다는 말을 들었지만, 그 말이 날 기쁘게 하지 않았다. 이제 겨우 10년을 했는데 앞으로 28년을 어떻게 더 이어 나가야 하는지, 과연 28년을 할 수 있을지 의문이었다. 그냥 노후를 위해 퇴직할 때까지 건강하게 일하고, 아이들을 위해 희생해야 한다는 선택 외에는 나에게 아무것도 없었다. 그러던 어느 날, 나에게도 새로운 비전이 찾아왔다. 이렇게 살았다가는 사는 대로 생각하며 살 것 같아 두려웠던 게 맞을 것 같다. 남들과 똑같은 생각을 하며 똑같은 삶을 살아간다는 것은 나 자신에게 미안하다는 생각이 들었다. 그래서 내가 평소에 관심이 있었고, 하고 싶었던 일을 생각했다. 그리고 일과 가정 때문에 도전해 보지 못했던 나의 새로운 꿈을 다시 꾸게 되었다. 그것은 바로 리더십코칭전문가와 자기계발 작가, 동기부여 강사다. 너무나도 거창한 꿈이라고 생각하지만, 나는 이 꿈을 위해 책을 읽고 공부를 했고, 지금 이렇게 책을 쓰고 있다. 내가 직장 생활에서 배웠던 경험을 다른 사람에게 전수하고 싶고, 내가 이루었던 일을 다른 사람도 이룰 수 있게 돕고 싶다. 이.제는 직장 생활이 전혀 지겹지 않다. 하루하루가 즐겁고 새롭다. 예전에는 그냥 지나쳤던 일도 내 꿈의 관점에서 다시 한 번 생각하고 관찰하기 시작했다. 퇴직 후 나의 새로운 직업을 위해 오늘도 나는 가

뻔뻔하게 오두하니 화끈하게 들이대라

슴 속 설렘과 대화하고 있다.

모든 사람에게 꿈이 되어 버린 '평생직장'은 이제 더 이상 꿈이 될 수 없게 되었다. 대기업은 퇴직 연령이 더 낮아지고 있고, 평생직장을 만들기 위해 꼭두새벽부터 밤늦게까지 일만 한다. '직장을 잃으면 어쩌나?'라는 생각으로 늘 불안해한다. 그리고 늘 반복된 일상으로 재미없고 지겹기도 하지만 평생직장을 위해 그냥 버티고 산다.

이제 평생직장은 존재하지 않을 것이다. 평생직장이 아닌 평생직업을 가져야 할 때다. 그리고 꿈이 그 평생직업을 만들 수 있다는 것을 잊지 마라. 평생직업을 위한 꿈을 가지기 위해 지금 서 있는 곳에서 새로운 비전을 찾아라.

5. 99%의 생각보다 1%의 실행력이 답이다

　새해가 되면 사람들은 저마다 여러 가지의 목표를 정한다. 다이어트 하기, 자격증 따기, 영어 공부하기 등등 여러 가지 목표를 설정해 둔다. 그리고 새해 첫날부터 그 일을 위해 마음속으로 다짐에 다짐하곤 한다. 그런데 '작심삼일'이라는 말이 있듯이, 그 목표는 곧 삼 일이 지나지 않아 흐지부지되기 마련이다. '다음 주부터 해야지. 오늘까지만 놀고 내일부터 해야지' 하고 생각하며 또

뻔뻔하게 인구하고 화끈하게 들이대라

그 목표의 출발점을 미루기 시작한다. 그리고 그 출발점은 내년으로 이어지기 마련이다. 사람들은 보통 생각만 하고 있지 그 생각을 실행하는 건 어려워한다. 새해 목표 하나를 위한 실행이 이렇게 힘이 든데, 꿈을 위한 실행은 얼마나 큰 결심을 필요로 하는지는 안 봐도 훤하다. 이런저런 핑곗거리를 만들고 합리화시키기 위해 애쓰는 모습을 보면 알 수 있는 일이다.

"저는 가정주부예요. 결혼한 지 올해로 꼭 10년이 되었네요. 저도 제가 지금 이렇게 살고 있을 줄은 꿈에도 몰랐어요. 사실 전 꽃집을 운영하는 게 꿈이었거든요. 꽃집을 차려놓고 제가 하고 싶은 일 하면서 즐겁게 살고 싶었어요. 그런데 막상 결혼하고 나니까 그 꿈을 이루는 게 쉽지 않더라고요. 결혼해서 신혼이 지나면 시작하려고 했어요. 그런데 신혼살림을 꾸리고 집을 꾸미는 일이 정말 재미있는 거예요. 남편을 기다리며 요리도 하고 즐거웠어요. 그래서 나중에 일을 해야겠다고 생각했지요. 그런데 아이가 생긴 거예요. 임신 중이라 몸이 너무 힘들어서 아이를 낳은 후 시작하겠다고 결심했는데, 아이를 낳고 보니 꽃집은 생각할 수도 없었어요. 그렇게 아이들 키우고 남편 내조하게 되었죠. 지금은 아이가 10살이 되었네요. 지금 시작하면 안 되냐고요? 그런데 아이가 아직 어린것 같아서요."

57

– 가정주부, K 씨, 38세

K 씨 같은 경우는 일부 여성들 사이에서 흔히 볼 수 있다. 결혼 전부터 꿈꿔오던 일이 분명했던 그녀들은 결혼과 임신, 출산을 계기로 그 꿈을 접어야 하는 현실이 다가온다. 물론 그 현실은 꿈을 실행하는 데 걸림돌이 된다. 당연하다. 나 역시 그 말에 공감하고, 무시할 수 없는 현실이라는 것을 안다. 하지만 꿈을 실행하는 일을 미루면 미룰수록 꿈은 점점 더 멀어진다. 결혼 전에 생각했던 꿈이 오랜 시간이 흐른 뒤에도 그대로 설렘으로 가슴에 남을 수 있을지도 의문이다. 그리고 설령 꿈이 가슴에 남아 있다고 해도 처음부터 조금씩 나중으로 미뤘던 꿈을 더 나중으로 미루지 못하라는 법은 없다. 꿈이 스스로 "지금 이때다. 지금 들이대라"고 말해주지 않는다. 늘 마음속에 존재하고 곁에 두는 것이다. 그래서 나는 K 씨에게 본인의 꿈에 대한 예의가 필요하다고 말해줬다.

"선생님, 꿈은 마음속으로 가지고 있을 때, 바로 실행하는 거예요. 본인의 의지로 실행하지 못하는 것을 자꾸 외부의 환경을 탓하려고 하지 마요. 그건 꿈에 대한 예의가 아니에요. 모두 본인 마음가짐에 원인이 있다고 생각하지 않나요? 생각만 하면 뭐하나요? 생각만 한다고 이루어지는 것은 하나도 없어요! 지금 들이대세요!"

K 씨는 나의 충고를 듣고 자신의 마음을 들키기라도 했단 얼굴로 물끄러미 나를 쳐다보았다. 내가 해주는 충고는 전혀 받아들이지 못하는 표정이었고, "내가 꽃집을 하든지 말든지……."라는

의미로 내게 한 마디를 던지고 가버렸다.

"꽃집 차리는 게 뭐 어렵나요? 꽃집 사장 안 하면 어떤가요? 돈만 있으면 다 하는데……."

꿈도 마찬가지지만, 어떤 새로운 일을 시작한다는 것은 늘 낯설고 두렵다. 안정된 현실에서 낯설고 힘든 것을 택하는 것은 굳이 하지 않아도 되는 일이라고 생각한다. 쓸데없는 스트레스며, 성공할 것이라는 확신도 없다고 한다. 그런 일에 에너지를 소모하고 싶지 않다고 한다. 하지만 세상의 어떤 일이 스트레스 없이, 그리고 백 프로 다 된다는 보장으로 시작하는 일이 어디 있겠는가. 그건 꿈을 가질 자격이 없으며, 꿈에 대한 예의가 아니다.

59

"저는 지금 어린이집 교사입니다. 나이는 마흔인데 이제 어린이집 교사가 되었지요. 고등학교 졸업 후, 바로 간호조무사 시험을 보았어요. 물론 시험에 합격해서 간호조무사가 되었어요. 처음 일했던 곳이 동네 작은 소아청소년과였어요. 그곳에서 아이들을 보는데 정말 예쁘더라고요. 오랫동안 병원에서 일하다 결혼했고, 제 아이를 낳았어요. 소아청소년과에서 일했을 때처럼 아이들이 예뻤지만, 힘들기도 했죠. 그런데 큰 아이가 3살 정도 될 무렵 저는 둘째를 낳고 다시 일을 시작했어요. 어린아이들을 어린이집에 맡기고 다녔어요. 그렇게 해서 어린이집이라는 곳을, 그리고 어린이집 교사라는 직업을 보게 되었어요. 아이들이 커 갈수록 문득 어린이집 교사가 되고 싶다는 생각이 들었어요. 당장 간호조무사로도 충분히 생활하기 부족하지 않은데 그렇다고 어린이집 교사가 아주 많은 벌이가 되는 것도 아닌데 그냥 어린이집 교사가 되고 싶었습니다. 대학도 나오지 않았기에 몹시 이루기 힘든 목표가 되어버렸어요. 가슴속으로 목표로만 생각하다가 4년 전, 전문대학에 입학하기로 결심했어요. 늦은 나이에 공부를 새로 시작했고, 힘들었지만, 작은 전문대학 유아교육과에 입학했어요. 얼마나 기뻤는지요. 지금은 졸업한 지 얼마 안 됩니다. 그리고 저는 지금 어린이집 교사가 되었어요."

– 춘천 소재 어린이집 교사, L 씨, 40세

현재 상황에 만족하며 살던 이들도 문득 새로운 목표가 생겨나고 꿈을 꾸게 된다. 그 목표가 크든 작든 한 사람의 마음속에 이미 자리 잡게 된다. 꼭 크고 위대한 목표만 꿈이 아니다. 하고 싶은 일이나 열렬히 되고자 하는 일이 바로 꿈이다. 나는 늦은 나이에도 꿈의 외침을 무시하지 않고 공부하고 도전했던 L 씨에게 이렇게 말했다.

"정말 대단하십니다. 쉽지 않은 결정이었을 텐데, 목표를 정하시고 도전하셔서 꿈을 이루시게 되셨네요. 축하합니다."

뻔뻔하게 오두하니 화끈하게 들이대라

나의 이말 끝에 L 씨는 놀란 표정으로 대답했다.

"네? 꿈이요? 에잇, 큰 꿈이 아닌데 어떻게 꿈이라고 표현하겠어요. 남들도 다 하는 건데요. 전 그냥 하고 싶은 것을 한 것뿐이에요. 더 늙기 전에."

그녀는 나에게 이렇게 대답하며, 행복한 표정을 지었다. 지금 하고 있는 일이 얼마나 그녀에게 값진 일이며, 행복한 일인지를 여실히 보여주고 있었다. 그녀는 자신감에 차 있었고, 또 다른 꿈을 꾸는 것처럼 설레는 표정이었다.

모든 사람이 같은 목표를 가지고 있지는 않다. 그렇다고 모든 사람이 꿈을 꾸며, 도전하는 것도 아니다. 특히 여성들은 꿈을 이루지 못한 이유들로 꽉 차 있는 것도 사실이다. 하지만 적어도 이루고 싶은 목표 하나씩은 가슴속에 새기고 있을 것이다. 가슴 속에 새긴 그 꿈을 처음부터 이룰 수 없는 것으로 생각하는 이가 있을 것이다. 또한, 아무리 큰 목표라도 처음부터 이루기 위해 매일 노력하는 이들도 있을 것이다.

주위에 널려있는 걸림돌들을 핑계로 이루지 못한다고 불평하는 것은 꿈을 위해 도전할 자신감이 없는 것과 같다. 꿈을 이루기 위해 도전하려는 마음만 가지고 있다면, 그까짓 걸림돌은 그냥 발로 걸어차면 그만 아니겠는가. 백날 생각만 하면 뭐하겠는가. 만날 가슴 속에 꿈만 가지고 있으면 뭐하겠는가. 이루리라 도전하려는 실행력이 없이는 그것을 '꿈'이라는 단어 속에 포함 시킬 수 없는데 말이다. 나는 이 책을 읽고 있는 독자들에게 충고하고 싶다.

"99%의 생각보다 더 중요한 것은 1%의 실행력이다. 그 1%의 실행력은 남들보다 더 빨리 꿈을 이룰 수 있는 지름길이 될 수 있다. 지금 가슴 속 그 설렘이 '꿈'이라는 이름으로 다시 태어나게 해야 한다. 지금 당장, 꺼져가는 꿈에 심폐소생술을 해라."

뻔뻔하게 요구하고 화끈하게 들이대라

6. 명품 가방보다 명품 가방을 살 수 있는
커리어를 만들어라

"어머! 저거 신상 아니니? 저거 한정판인데. 저 여자 돈 많은 남
친이 있나? 생긴 건 그리 안 생겼는데 엄청 비싼 명품도 있다. 혹시
저거 짝퉁 아니야? 나보다 더 못난 것 같은데 누군 명품 들고, 누군
짝퉁 들고. 어휴 부럽다. 난 대체 뭘 하고 살았던 거야?"
　서울 강남 카페에서 책을 읽고 있었다. 태블릿 PC로 이것저것
찾느라 정신을 빼고 있어 제대로 알아차리지 못했는데, 내 옆 테

이블에 앉아 있던 두 여인의 대화를 듣고 나 역시 명품 가방의 주인공을 보게 되었다. 처음 봐도 누구나 다 알 수 있을 것 같은 브랜드의 명품 가방을 든 그녀는 '나 명품 가방 있어요' 하며 자랑이나 하듯 패션쇼 모델처럼 걸어 들어오고 있었다. 옆 테이블의 두 여인이 말했던 것처럼, 한눈에 봐도 짝퉁 아니면 집안의 재력이었다. 전혀 그녀에게서는 명품 가방을 살 수 있을 만큼의 커리어가 보이지 않았기 때문이다.

최근 언론에서 자주 접할 수 있었던 기사 중 하나가 바로 명품 가방에 관한 기사였다. 어떤 기사는 명품 가방 가격이 오른다는 말에 명품 가방을 사재기한다는 내용이었고, 또 어떤 기사는 짝퉁 가방을 제조하고 판매하는 총책을 검거했다는 내용이었다. 그리고 늘 그 뉴스에 등장했던 백화점의 손님이건 짝퉁 판매업자건 모두 얼굴을 모자이크 처리한다. 그 의미는 무엇일까? 아직 한국 사회에서 명품 가방을 즐겨 산다는 것은 본인의 소득과는 상관없이 자칫하면 '된장녀'라는 말을 달고 살 수 있다는 것이다.

대부분의 여자들은 명품 가방 하나쯤은 갖고 싶어 한다. 여자들 뿐만 아니라 남자들 사이에서도 붐이 일어나고 있다. 도심에 나가보면 명품 가방을 들지 않은 사람이 이상해 보일 정도로 명품 가방은 여성들 사이에서 트렌드가 되었다. 일부 여성들은 명품 가방을 위해 무리한 카드 결제를 감행하고 또 그 카드 대금을 갚기 위해 허덕이며 산다. 명품 가방은 그만큼 여성에게는 자존심이라

뻔뻔하게 요구하고 화끈하게 들이대라

할 수 있다. 그럼 과연 명품 가방만 멘다고 사람이 명품이 될 수 있을까?

> "여보세요? 아. 제가 상담 드릴 게 있는데요. 제가 일 년 전부터 거래해 오던 가게가 있어요. 그곳에서 명품 가방을 많이 샀거든요. 그곳이 백화점도 아니었고 청담동 거리도 아니었는데, 명품구제를 판매하는 곳이었어요. 그 가게 주인 언니는 자기가 파는 것은 모두 정품이라고 했어요. 그래서 일 년 동안 명품 구제라고 해서 산 가방이 총 8개예요. 총 800만 원을 지불했어요. 그런데 가방을 A/S 맡기려고 백화점에 갔는데 아니 그 가방이 가짜라는 거예요. 그래서 제가 가방을 산 가게 주인한테 따져 물었더니, 오히려 더 화를 내요. 이 일을 어떡하면 좋을까요? 전 그 일 때문에 이혼해야 할 판이에요."
>
> – 가정주부, 28세, L 씨

65

실제 넉 달 전, 내가 근무하는 경찰서로 한 통의 전화가 걸려왔다. 가짜 명품 가방을 많은 액수의 돈을 주고 구입했다는 것이다. 그리고 더 어이가 없었던 건, L이 그 가짜 가방을 진짜 가방이라 여기고 백화점에 가지고 가서 창피를 당했다고 한다. 그 전화를 하면서도 그녀는 한심하고 창피했는지 선뜻 말하기를 꺼렸고, 소문나지 않고 어떻게 좋게 해결할 수 있는 방법이 없는지 물었다.

나는 그녀가 왜 그렇게 많은 명품 가방을 사려고 했는지 문득 궁금했다.

"전문가도 아니니까 당연히 진품, 가품을 확인할 수 없는 게 정상입니다. 그런데 한 개 정도면 만족했을 텐데 왜 그렇게 많은 가방을 구입하셨어요?"

"결혼을 하고 나서 아이들과 함께 서울에 가끔 갔어요. 그런데 그곳에 있는 아이 엄마들은 모두 명품 가방을 가지고 다니더라고요. 명품 가방을 메고 있으니 사람이 모두 돈이 많아 보이고 같이 있던 아이들도 모두 고급스러워 보이더라고요. 그래서 그때부터 명품 가방을 갖고 싶다고 생각했어요. 남편은 절대 쓸데없는 생각하지 말라고 했어요. 그래서 남편 몰래 짝퉁 가방을 샀고, 짝퉁을 메니 정품이 갖고 싶더라고요. 그런데 마침 그 가게가 오픈을 했어요. 한 번 구경 갔다가 정품이라는 말에 처음 사게 되었고, 하나를 사니 더 사고 싶고, 제가 그 가방을 메고 다니니 사람들이 절 대하는 태도가 달라진 것 같았어요. 그런 욕심에 좋은 가방이 나오면 사게 되었죠. 명품 가방이 절 명품으로 만들어 주리라 생각했나 봐요. 제가 미쳤죠."

대부분 여성들은 L의 말에 동감할 것이다. 최근 급속도로 퍼진 명품 가방의 트렌드를 모르는 여성은 거의 없을 것이다. 당연히 명품 가방을 메고 있는 여성이 지나가면, 그 가방만 명품으로 보이지 않고 그 사람까지 명품으로 보이게 마련이다. 이 사실은 사회가 만들어 놓은 어쩔 수 없는 현실이며, 현실 속에서 여성들이 직면해 있는 문제점 중 하나다. 아무리 언론에서 명품족을 비난한다고 할지라도, 아무리 명품보다 더 퀄리티 있는 가방이 출시된다고 할지라도 명품이기 때문에 가지고 싶어 한다. 그리고 그 명품이 자신의 가치를 더욱더 레벨 업 시켜주리라는 것을 믿는다. 이들의 말 또한 틀린 말이 아니다. 그리고 나 역시 명품 구입을 이유없이 반대하거나, 그들을 비난하지 않는다. 단 명품 가방을 살 수 있는 커리어가 중요하다는 것을 말하고 싶을 뿐이다.

나 역시 3년 전까지만 해도 종일 인터넷으로 명품 가방만 검색했던 적이 있다. 그때도 그렇고 지금도 마찬가지지만, 내 직업은 공무원이다. 월급을 생각하면 명품 가방은 사치일 뿐이었다. 웬만한 명품 가방값이 그 당시 내 월급보다 많았기 때문이다. 하지만 명품 가방을 사고 싶다는 생각에 온종일 명품 중고 시장 사이트 '필○○'를 눈이 아플 정도로 쳐다 본적이 있다. 그리고 명품 사이트를 자주 방문하다 보니 자연스레 명품 가방들의 이름과 특징이 외워지기도 했다. 사람들이 명품 가방을 가지고 옆에 지나가면 '저거는 어느 브랜드고 모델명이 뭐고 가격이 얼마'라고 알아맞히기도 했다. 심지어는 진짜와 가짜를 가려내기도 했다. 그렇게 명품에 대해 관심도 있었고, 나 또한 명품 가방을 가지고 싶었다. 명품 가방을 가지면 내가 더 빛나 보이고, 커리어가 더 높아 보였기 때문이다.

"사람들이 뭐라 해도 내 능력으로 산다는데 무슨 문제야?"

혼자 합리화를 시키며 무리하게 가방을 구입한 적도 있었다. 물론 할부가 가능한 카드결제를 택했다. 하나를 사니 또 하나가 사고 싶었고, 점점 욕심은 더 커져갔다. 그런데 여러 개의 명품 가방을 가지고 있던 나는 점점 시간이 흐를수록 불편함을 느꼈다. 내 몸에 맞지 않은 옷을 입고 있는 것 같았고, 아이들이 어리다 보니 가방을 막 메고 다닐 수 없었다. 오히려 가방이 더러워질까 봐 집에 모셔놓고 다녀야 했다. 하나도 가지지 않았을 때는, 간절히 갖고 싶어 미치겠더니 한둘씩 생기기 시작하니 더 이상 욕심이 나지 않았다. 그리고 내가 과연 명품 가방을 가지고 다닐 만한 능력이 되는 사람인지 돌이켜 보았다. 한두 개 정도의 명품은 만족감으로 가능할 수 있지만, 절대 그 이상의 명품을 가질 수 있는 능력이 되지 않았다. 명품을 사고 나면 카드값에 허덕이며 갚아나가야 했고, 그 명품이 나를 즐겁고 가치 있게 만들어 주는 것은 명품을 구입한 날 하루뿐이었다. 생각해 보니 난 그 하루의 기쁨을 위해, 백화점에서 점원들이 나를 VIP 모시듯 대우해 주는 것을 즐겼던 것 같다. 스스로 내 옷이 아니라고 느끼기 시작하자, 그 옷을 빨리 벗어 던지고 싶었다. 명품 가방을 메고 마주쳤던 사람들은 다시 만나지 않을 사람들이었다. 다시 만나지 않을 어떤 사람들을 위해 스스로 불편을 감수해야 할 필요가 없었다. 가방 중에 가장 즐겨 들었고 부담 없이 들었던 2개를 빼고 모두 내 손으로 처분했다. 그

68

리고 그 이후에는 절대 명품 가방을 들고 다니는 여자들을 보아도 부러워하지 않는다. 정말 명품 가방을 사고 멜 수 있는 가치가 있는 커리어를 가지고 있는 여성 아니면 자신의 몸에 잘 맞지 않은 명품이나 짝퉁 가방을 메고 있는 여성 둘 중 하나라는 것을 알기 때문이다. 그리고 나는 깨달을 수 있었다. 명품 가방을 메지 않아도 사람이 진정한 명품이면 짝퉁도 명품으로 빛날 수 있다는 것을 말이다.

자신의 커리어를 향상시킬 생각을 하지 않으면서 무작정 명품 가방만 따라 메는 행동은 모두가 할 수 있다. 하지만 명품 가방을 살 수 있는 여자의 커리어는 절대 따라 할 수 없다. 명품 가방에만 목매지 말고 먼저 명품 가방을 살 수 있는 커리어를 향상시키는 데 목을 매라. 그럼 자연스럽게 당신은 가만히 있어도 빛이 나는 명품이 될 것이다.

7. 어설프게 때려 칠 생각마라

"일 관두고 시집이나 갈까 봐요!"

"애들 때문에 도저히 직장 생활을 할 수 없을 것 같아요."

"이제 곧 결혼도 하는데, 집에서 살림하고 남편 내조해야 겠죠?"

"아이들이 나중에 절 원망하면 어쩌죠? 일한다고 잘 챙겨주지도 못했어요. 지금이라도 관둬야 할까 봐요!"

뻔뻔하게 요구하고 화끈하게 들이대라

"시어머님이 편찮으셔서 제가 간병해드려야 할 것 같아요. 그만둬야겠죠?"

여성들이 직장을 그만둬야 하는 이유는 이 외에도 셀 수 없이 많다. 하지만 이 모든 이유가 일을 그만두고 싶은 마음을 스스로 뒷받침해주는 역할밖에 하지 않는다는 것이다. 이런 이유로는 일을 그만둔다는 것은 일을 사랑하지 않고 귀하게 여기지 않는다는 것이다. 어떤 남자가 결혼한다는 이유로, 아이들이 태어났다고, 아이들의 학교 문제 때문에, 어머님의 간병문제를 위해 일을 그만둔다고 하는 사람이 있겠는가. 오히려 일을 더 열심히 해야 하는, 없던 일도 만들어야 하는 사유일 뿐이다.

직장 생활을 하다 보면, 모든 사람에게 권태기가 오기 마련이다. 또 직장 생활을 하다 보면, 사람 관계가 힘들어질 때도 있다. 내 생각과는 다르게 진행되는 일을 해야 할 경우도 있고, 상사의 불합리한 일에 수긍해야 할 때도 있다. 일일이 열거하기에도 너무 많지만, 직장 생활에는 크고 작은 어려움이 항상 상존해 있다. 그런데 이상하게도 그런 일이 닥치게 되면 여성들은 은연중에 하나같이 그만두고 싶다는 마음이라 한다.

"치사하고 더러워서 안 다니고 싶어요. 제가 여기 아니면 갈 곳이 없을 줄 아나 봐요. 진짜 때려 치던가 해야지."

솔직히 회사 나가면 갈 곳이 없는 것은 당연하다. 대부분 이렇게 말하는 여성들은 나가고 나서 크게 후회하는 경우가 허다하다.

다른 곳에서는 자신을 인정해 줄 것 같지만, 직장이라는 곳은 어느 곳이나 자신이 겸손해져야 한다는 것은 똑같기 때문이다.

유명 고시학원 영어강사 L이 있다. 그녀는 지금의 직장에서 3년째 일을 하고 있다. 이곳에서 일하기 전에 다른 학원에서 3년 동안 일했고, 지금 이곳에서 또 3년째 일을 하고 있다. 총 6년을 열심히 했지만, 그녀의 커리어는 그만큼 성장하지 못했다. 연봉이 많이 오르지도 않았고, 그만큼 대우도 받지 못했다. 전에 있었던 학원에서도 그런 문제로 지금 학원으로 이직했는데, 여기에서도 역시 3년이 지났지만, 제 자리 걸음이라고 한다. 그래서 또다시 다른 학원으로 이직하려고 생각 중이다.

그녀에게 무엇이 문제일까? 모든 직장에서는 대부분 경력을 쌓고 커리어를 인정받아야 연봉이나 그에 따른 대우도 함께 인정받을 수 있다. 처음에는 보잘것없는 연봉과 대우를 받지만, 하루하루 자신의 커리어를 위해 인내하며 성과를 낸다면 처음보다 몇 배의 대우를 받을 수 있다. 어느 직장에서 몇 년 일하다 연봉이 오르지 않으니 다른 곳으로 기웃거리고, 또 연봉이 오르지 않으니 또 다른 곳을 기웃거리는 사람에게 좋은 대우를 해주겠는가. 학원강사 L 역시 처음 일 했던 학원에서 계속 일을 했었더라면 지금보다 더 나은 연봉과 대우를 받았을 지도 모른다. 하지만 그녀는 이미 다른 곳으로 이직을 했고, 또 참지 못하고 다른 곳으로 이직을

뻔뻔하게 오두하니 화끈하게 틀이대라

하려 한다. 그렇다면, 죽으라고 한 직장에서 수십 년간 참고 일을 해야 한다는 것인가?

　　"저는 올해 40이 되었어요. 지금 직장이 두 번째 직장입니다. 직장 생활 총 16년이 되었네요. 결혼도 하고, 아이도 낳고 참 많은 일이 있었어요. 저는 현재 골프웨어 대리점을 운영합니다. 부자라고요? 아닙니다. 제가 돈 들여 운영하는 게 아니거든요. 전 사실 2년 전까지만 해도 물류창고에서 물류 체크하는 일을 했어요. 들어오고 나가는 물류들의 수를 파악하고 재고 확인하는 일이요. 여자가 하기 벅차죠. 무거운 박스도 날라야 하고 먼지도 수북합니다. 고졸인 제가 그 당시에 그 정도의 일을 할 수 있었던 것도 축복이었어요. 그래서 전 제 일을 열심히 그리고 자랑스럽게 여겼어요. 물류 팀 내에서도 직책이 있어요. 처음엔 평사원. 그러다가 팀장을 하다 2년 전에 근무 성적이 좋은 직원들을 대상으로 대리점 운영권을 주는 기회가 있었지요. 그래서 제가 운 좋게도 이 대리점을 운영하게 되었습니다. 정말 놀랍지 않나요? 이 정도 대리점을 운영하려면 돈도 엄청나게 많이 있어야 하는데. 전 돈 한 푼 들이지 않고 어엿한 사장님이 되었어요. 물론 먼지도 날리지 않아요. 이게 모두 제가 한 직장에서 제 커리어를 쌓았기 때문입니다. 아무리 하찮은 일이라도 제 일을 사랑하고 자랑스럽게 여기며 제 능력을 쌓으면, 훗날 꼭 보답 받을 수 있으리라 생각했습니다. 물론 저도 중간에 관두고

73

싶었죠. 힘들고 더러운 꼴 볼 때마다, 아이들 학교 때문에 많은 갈등이 있었지만, 전 절대 관두지 않았어요. 어설프게 그만두었다가 갈 곳이 없을 것 같더라고요."

– 골프웨어 대리점 운영, 40세, G 씨, 여

한 직장에서만 죽으나 사나 근무하라는 말이 아니다. 별 시답지 않은 이유로 어설프게 일을 때려치우지 않아도 커리어를 쌓아 다른 직장에서 모셔갈 수 있는 몸값을 높이라는 것이다. G 씨는 좋은 학벌도, 좋은 집안 환경도 없었지만 힘든 일을 인내하며 자신의 커리어를 쌓은 덕에 본인의 몸값이 뛰었음을 증명해주고 있다. 그녀 또한 대부분의 여성이 고민하는 일들로 인해 사직서를 몇 번이나 썼다 찢었을지 안 봐도 뻔하다. 하지만 그녀는 때려 치우고 갈 곳이 없을까 봐 두려웠다고 한다. 괜히 어설프게 관두고 나간 직장이 그리워질 것을 알았고, 그만큼 경력 단절이 된 여성들이 갈 곳이 없다는 것을 누구보다 더 잘 알았던 것이다. 그래서 지금의 그녀 모습은 어떤가? 누구보다 멋진 제2의 직업을 가졌고, 자신의 몸값이 더 뛰고 있다는 것을 실감하며 살고 있다.

사람은 누구나 새로운 환경을 동경한다. 대부분의 직장인은 3년 정도 지나면 권태기를 맞이한다. 새로운 직장에 취직하고 싶거나, 좀 쉬며 생각하고 싶다고 한다. 그렇다고 그 생각을 실천에

뻔뻔하게 요구하고 화끈하게 들이대라

옮기는 이는 남성보다 여성이 훨씬 더 많다고 한다. 실제 모 대기업 인사과에서 근무하는 인사과장으로부터 이런 말을 들었다.

"여성들은 직장이 취미생활인 것 같아요. 물론 계약직도 여성이 많기는 하지만 그래서인지 여성들의 퇴직률은 상당히 높습니다. 어떤 직원은 청첩장을 가지고 오면서 사직서도 함께 들고 옵니다. 그리고 출산 후 육아 휴직이 끝나면 복직한다는 의사보다 사직서가 오기도 하고요. 그리고 새로 입사하기 위해 이력서를 낸 여성들의 이력을 보면 1~2년의 짧은 직장 생활 동안 세 군데의 회사에서 일했던 응시자도 있었습니다. 여기서 일하다가 저기가 좋아 보이기도 하고, 또 저기서 일하다가 또 여기가 좋아 보이는 현상이지요. 솔직히 여성들이 사내에서 남성과의 사이에서 차별이 이루어지고 있다고 하는데, 자꾸 여성들의 퇴직과 이직률이 높아지니 어차피 금방 관둘 사람에게 큰일을 맡기지 않게 되는 겁니다. 그래서 그런 오해를 받기도 하는 겁니다. 어느 직장이든지 자신의 특기를 살려서 커리어를 쌓는 것이 가장 큰 무기라고 생각합니다."

여성들이 직장을 도중에 그만두는 이유는 여러 가지가 있다. 그 모든 것이 여성이 사회에서 성장하는 데 걸림돌이 되는 것들과 같은 것이다. 사회 구조상 여성이 직장에서 일을 하고, 오랫동안 일을 하는 것이 쉬운 일이 아니다. 하지만 그렇다고 해서 직장을 놀이터 삼아 재미없어서 관두고, 결혼해야 해서 관두고, 좀 쉬고 싶어서 관둔다면 언제 커리어를 쌓을 수 있겠는가. 직장 생활을 하면서 인정받고 싶고, 사회에서 리더로 성장하고 싶다면 사회에서 자신의 특기에 맞는 일을 하고, 커리어를 높여야 한다. 이곳저곳 기웃거리다 경력이 단절되어 갈 곳 없는, 어느 곳에서도 받아주지 않는 능력 없는 여성으로 언론에 기삿거리가 될 것인가?

스스로 커리어를 높여 내 몸값을 높여라. 그러면 좋은 조건과 대우로 다른 곳에서 서로 스카우트해 가려는 몸값 높은 여성이 될 것이다.

뻔뻔하게 요구하고 화끈하게 들이대라

8. 자신을 움직이는 리더가 되라

직장에서 여자가 아닌 리더가 되라고 하니 일부 여자들은 나에게 이렇게 묻는다.

"에잇, 제가 사장도 아닌데 무슨 리더예요? 리더는 회사 사장님이 리더 아닌가요?"

최근 리더에 관한 자기계발서가 붐을 일으키고 있다. 서점에 가보면 책 제목에 "리더"라는 문구가 들어가지 않은 리더십 책은 찾아 볼 수 없을 정도다. '누구누구의 리더십, 누구누구 리더처럼 되라. 리더는 이렇다' 등등 리더는 마치 한 회사를 이끌어 가는 CEO나 한 팀을 이끌어가는 팀장급만이 리더라고 여겨지고 있다. 그리고 그들을 따라 하면 나도 리더가 될 수 있을 것 같다고 한다. 또 사람들이 원하는 리더가 어떤 조건을 갖춰야 하는지를 보여주고 있다. 마치 리더가 되려는 사람 또는 현재 리더인 사람들이 갖춰야 할 덕목이 '리더십'이라고 말하는 듯하다. 하지만 나는 그 정의에 대해 부정한다. 물론 성공한 리더들의 이야기를 읽고 자극을 받을 수 있고, 그렇게 되도록 노력할 수 있다. 이미 성공한 리더들과 영향력 있는 리더십에 관한 이야기들이 사람들의 호응을 받는다고 생각할 수 있다. 하지만 나는 꼭 CEO나 이미 성공한 어느 한정된 사람들만 리더가 될 수 있다고 생각하지 않는다. 즉, CEO가 아니어도 팀장이 아니어도 리더가 될 수 있다고 생각한다.

"꼭 직장에서 리더가 되라는 법이 있나요? 전 이미 리더입니다. 제 직장에서 리더가 되기 위해 갈 길이 멀었지만, 직장 밖에서 전 이미 리더가 되었어요. 일을 하면서 꾸준히 병행하며 배우고 있는 것이 하나 있어요. 그건 바로 벨리댄스입니다. 시작한 지는 그리 오래되지 않았지만, 너무 재미있어서 금방 따라 하게 되더라고요. 퇴근하고 학원 가서 레슨받고 집에서는 거울 보며 혼자 연습해요. 실력도 월등히 좋아졌습니다. 그런데 얼

뻔뻔하게 오구하니 화끈하게 들이대라

마 전, 직장에 소문이 났어요. 제가 벨리댄스를 잘한다고요. 그렇게 잘 하지 않는데 소문이 나서 좀 당황했지만, 그 소문 덕인지 사람들이 절 대하는 태도가 많이 바뀌었어요. 자신들이 하지 못하는 것을 제가 해서인지 절 더러 대단하다며 신기해했어요. 그리고 일부 여자 동료들은 자기들에게도 댄스를 가르쳐 달라며 저에게 부탁합니다. 저에게 지금 무슨 일이 일어났는지 모르겠어요. 전에는 그냥 직장에서 조용히 일만 하는 평사원이었는데, 이제는 벨리댄스를 추고 동료들에게 춤을 가르치는 선생님이 되었어요. 저에게 춤을 배울 때는 직장 선배가 제 제자가 됩니다. 전 벨리댄스로 그들을 가르치고 리딩하는 리더가 되었습니다."

– 중소기업 회사 2년 차, 27세, 여

79

직장 생활하는 동안 그저 알려지지 않은 일반 사원이었던 그녀는 직장이 아닌 직장 밖에서 자신의 재능으로 리더가 되었다. 리더는 거창하게 무조건 회사를 대표하고, 팀을 대표하는 사람들에게만 붙일 수 있는 단어가 아니다. 자신이 잘하고, 흥미 있어 하는 분야에서 후배들을 가르치고 제자들을 양성하는 일을 하는 사람도 리더가 될 수 있다. 그 분야가 어떤 것이든지 그 재능을 필요로 하는 사람들이 있는 곳에서 그룹의 리더가 될 수 있다는 말이다. 그렇게 리더가 되어 사람들을 대하고 재능을 나누다 보면 저절로 리더의 역할을 하게 되고, 상황에 걸맞은 리더십을 발휘할 수 있는 능력을 가질 수 있게 될 것이다. 직장에서 팀장이나 그룹의 대표가 아니더라도 그들의 리더십을 기를 수 있다는 것이다.

오래전부터 알고 지낸 언니가 한 명 있다. 나보다 나이가 10살 정도 많지만, 그녀와 대화가 아주 잘 통한다. 그녀는 봉사도 많이 하고, 지역 단체 활동도 많이 하는 편이다. 정말 몸이 열두 개라도 모자랄 것처럼 늘 열심이다. 처음에 그녀를 잘 몰랐을 때는 그녀가 그런 단체의 장을 맡은 줄 알았다. 그만큼 그녀는 단체에서나 지역에서나 아주 큰 영향력을 끼치고 있는 사람이었다. '여자가 정말 능력 있고, 대단한 사람인가 보다'고 생각하는 사람도 있었고, '여자가 꽤 나대는 걸 좋아하나 봐!'라고 생각하는 사람도 있었다. 어떤 행사에도 그녀가 빠지지 않았기 때문에 일부 사람들은 그녀에 대해 오해를 많이 하기도 했다. 하지만 내가 그녀를 만나고 겪어 본 이후로 그녀에 대한 잘못된 오해들이 술술 풀리기 시작했다. 그녀는 어떤 단체의 장도 아니었고, 막말로 '나대는 여자'도 아니었다. 그저 자기가 할 수 있고, 잘하는 일에 푹 빠져 정신없이 움직였을 뿐이다. 아주 많이 아팠던 아이가 거짓말처럼 낫자 감사한 마음에 시작한 봉사 활동은 어느덧 5,000시간을 넘겼고, 자신의 아이가 다니는 학교에 관심을 가지다 청소년 육성회의 회원으로 활동하게 되었다. 그녀는 뭘 기대하거나 부귀영화를 누리

뻔뻔하게 ㅇ+하ㄴ 화끈하게 들이대라

기 위해 바쁜 시간을 쪼개가며 활동을 했던 것이 아니다. 내가 우스갯소리로 "언니! 군 의원 나가야 하는 거 아니에요?"라고 물으면, 그녀는 늘 이렇게 대답한다.

"상미야! 내가 뭐하러 그런 머리 아픈 일을 하니? 그런 일 안 해도 나는 내가 하고 싶은 일하고, 내가 가질 수 있는 것은 다 가질 수 있어. 난 내 뜻대로 움직이는 사람이야!"

그녀는 이미 스스로 자신의 리더였다. 누군가를 움직이며, 누군가에게 지시하며 활동하는 리더가 아닌 자신 스스로 지시와 명령으로 움직이는 스스로의 리더였다. 그녀는 주위에서 자신을 비판하거나 못 마땅히 생각하더라도 개의치 않는다. 스스로 옳다고 생각하는 일을 하기 때문이다. 어떤 단체의 장이 아니어도, 감투를 쓰지 않아도 리더로서의 마음가짐과 역할은 가능하다는 것을 그녀는 여실히 보여주고 있는 셈이다. 나는 그녀를 보며 참 많은 것을 느꼈다. 같은 여자이지만, 자신이 잘하고 좋아하는 일을 하는 것도 모자라 남들에게 리더로 인정받는 그녀는 나에게 많은 자극이 되었다. 그녀로 인해 나 역시 리더가 되기 위한 노력을 하게 되었다.

12년의 직장 생활을 했지만, 아직 리더가 되지 못했다. 직업 구조상 적어도 5년은 더 있어야 리더라고 할 수 있는 직책이 된다. 동료직원들은 리더가 되기 위해 승진하려고 한다. 그만큼 직장에서 '리더'라고 생각하는 위치는 사람들의 선망 대상인 것 같다. 하지만 나는 리더는 아니지만, 리더처럼 행동한다. 참 건방진 소리 한다고 생각할지 모르지만, 남들보다 한 가지를 더 알면 리더라는 말을 들을 수 있다는 것을 알았다. 한 가지를 더 안다는 것은 결국 남들보다 업무에 관심을 갖고 내 것으로 만든다는 말이다. 그래서 다른 사람들이 잘 모르는 업무나 시스템을 터득하기 위해 노력했다. 그리고 내 것으로 만들었고 그 분야에서 프로가 되었다. 그러니 자연스레 리더가 될 수 있었다. 직장에서의 리더 역할도 중요하지만 나에게 더 중요했던 것은 나 스스로 리더가 되는 일이었다. 지금 나는 남들이 다 부러워하는 공무원이다. 뭐가 부족해서 다른 일을 하려 하냐며 타박하는 사람도 있지만, 나는 이미 새로운 일에 목이 말랐다. 물론 직장을 그만두고 이직을 하려는 것은 절대 아니다. 다만 제2의 직업을 위해 새로운 분야를 공부하고 싶을 뿐이다. 내가 하고 싶은 일을 찾고, 잘할 수 있을 것 같은 일을 찾아 연구하고 공부하는 것은 나에게 많은 희열을 느끼게 한다. 그 희열은 나 자신이 스스로 리더가 되는 경험을 하게 했고, 덕분에 항상 당당하다. 생각만 하면 가슴 벅차오르는 기분은 직장 생활이나 가정생활을 하는 데 권태기를 잊게 해줬고, 늘 했던 일도 새롭게 느낄 수 있게 해줬다. 내 삶의 리더가 될 수 있는 기회를 만들어 준 것이다.

사람들은 성공해야 리더가 될 수 있다고 생각한다. 성공 사례

뻔뻔하게 오두하니 화끈하게 들이대라

가 있어야 남들 앞에서 리더라고 말할 수 있고, 높은 직책을 가지고 있어야 리더십을 발휘한다고 생각한다. 물론 그들은 모든 사람이 인정하고 이름만 들으면 알 수 있는 유명 리더임에 틀림없다. 하지만 지금 이 시대에서 필요로 하는 리더는 자신을 움직이는 리더다. 널리 알려지지 않아도 다른 사람들이 알아봐 주지 않아도 스스로를 움직이는 리더는 자기 자신의 마음가짐에 달렸다. 성공해서 리더가 되려하지 마라. 먼저 리더가 되면 성공할 수 있다는 것을 명심해야 한다. 지금 당장 하고 싶은 일과 좋아하는 일, 잘하는 일을 생각해 보라. 틀림없이 가슴속에 잠들어 있던 리더 근성이 깨어날 것이다.

9. 건강을 지키지 못하면 말짱 꽝이야!

'여자의 인생은 서른에 결정된다'는 말이 있다. 그만큼 서른을 기점으로 몸과 마음이 한 걸음 더 성숙한다는 의미다. 하지만 서른이라는 나이는 몸과 마음의 성숙과 더불어 건강에 이상 신호를 가지고 온다. 그 시기는 아무래도 결혼과 임신, 출산이라는 큰 전쟁을 겪은 경우가 많기 때문이다.

건강이 가장 큰 재산이라는 말이 있듯이 건강을 잃으면 아무

것도 할 수 없다. 지금 내가 하고 있는 책을 쓴다거나, 일한다는 건 생각도 못한다. 그런 나에게도 건강의 적신호를 느끼게 한 적이 있었다.

둘째 아이 출산 후, 직장 생활과 더불어 시작된 두 아이의 육아는 건강에 적지 않은 부담감을 줬다. 사실 아이를 맡길 곳이 없어 출산 후 7년 동안 한 번도 제대로 된 운동을 해본 적이 없었다. 퇴근 후 다른 곳에 한눈팔 사이도 없이 집에 와서 저녁을 준비해야 했기 때문이다. 그래서인지 종합병원이라는 불릴 만큼 내 건강도 급격히 악화하였다. 시작은 바로 그날부터였다.

5년 전 이유를 알 수 없는 고열이 나기 시작했다. 고열은 늘 몸살과 함께 왔고, 해열진통제를 2시간에 한 번씩 먹으며 밤에 잠을 이루어야 했다. 물론 거의 뜬눈으로 지새운 날이었지만, 지금 생각해보면 정말 지옥 같은 악몽이었다. 그 당시 나는 두 아이의 엄마였다. 남편 역시 경찰관이라는 직업으로 교대 근무를 해야 했고, 아픈 나에게 어쩔 수 없이 두 아이를 맡기고 출근했다. 다행히 금요일 밤에 고열이 시작되었다. 토요일은 내가 쉬는 날이라 부담감이 덜했다. 금요일 밤부터 토요일 아침 남편이 퇴근하는 시간까지 고열과 몸살로 끙끙 앓다 남편이 집에 들어오자마자 응급실로 가달라고 부탁했다. 응급실에 가서 이것저것 검사를 했지만, 모두 정상이었고 그냥 이유 없는 고열만 계속될 뿐이었다. 해열링거를 맞고 집으로 돌아왔다. 열이 내리니 온 세상이 새로워 보였다.

하지만 새로워 보이고 아름다워 보였던 온 세상은 다시 악몽 같은 고통을 나에게 선사했다. 이유도 없는 고열과 오한으로 밤을 또 지새웠다. 하지만 병명도 이유도 찾을 수 없었다. 급기야 백혈병 검사까지 했지만, 다행히 그것도 아니었다. 그렇게 몇 주간 링거를 매일 맞으면서 일하며 버티기를 2주, 언제 그랬냐는 듯이 회복되었다. 병명은 없었지만, 검사결과로 봐서는 백혈구의 수가 너무 적어 면역 기능에 이상이 왔다는 말만 들을 수 있었다. 내가 내 몸을 너무 혹사 시켰던 것이다.

2년 전 어느 날, 급격한 체력 저하를 느끼기 시작했다. 늘 했던 일, 늘 겪었던 육아였지만, 왠지 모르게 힘이 들고 피곤하기만 했다. 눈꺼풀은 자동으로 감기기 시작했고, 종일 일명 "닭병"에 걸린 병아리 새끼마냥 힘을 낼 수 없었다. 항상 머리는 멍했고, 온몸은 천근만근이었다. 짜증만 나고 모든 게 다 귀찮았다. 피곤한 몸을 이끌고 아이들을 챙기고 나 역시 출근을 해야 했다. 졸려서 온종일 커피를 10잔 이상씩 마셨다. 그러면 피곤이 가실 것 같은 생각이었지만, 그 행동은 내 위 기능마저 빼앗아 갔다. 직장에 다니며 평일에 병원에 간다는 것은 참 눈치 보이는 일이었다. 잠깐 나가 동네 의원에 가서 혈액검사를 해보았는데 갑상샘 기능 저하증이라는 진단을 받았다. 대학병원에 가서 다시 검사하고 약을 처방받으라는 말에 난 어느새 인터넷 검색창에 '갑상샘기능저하증'을

뻔뻔하게 오두하니 화끈하게 톤이뎌라

입력하고 있었다. 사실 좀 속상했다. 다른 사람들은 내 나이에도 잘만 사는 것 같았다. 하지만 나는 이상하게도 아프기도 자주 아팠고, 누구보다 일복도 터진 것 같아 내 신세를 하소연하였다.

갑상샘기능저하증과 빈혈이라는 진단을 받고 처방받은 약을 먹기 시작하자 정말 거짓말 하나 안 보태고 눈이 말똥말똥했다.

이렇듯 내 건강의 적신호를 더 열거하려면 열두 줄도 더 쓸 수 있을 것이다. 멀쩡한 곳을 찾는 게 더 빠르다고 할 수 있을 정도로 나는 잔병이 많았다. 물론 지금도 마찬가지다.

내 나이 또래 여성들 특히 서른다섯에서 마흔까지의 기혼여성들은 이 상황에 동감할 것이다. 대부분 이 나이대의 여성들은 결혼과 임신, 출산을 거치고 일과 육아를 병행하는 경우가 많다. 아이가 적어도 열 살이 될 때까지는 엄마인 자신의 몸을 챙기는 것이 사치라고 생각할 정도로 일에 파묻히고, 육아에 파묻힌다. 집에 들어오면 아이들 챙기고 집안 정리만 해도 잠자리에 들 시간이니 아파볼 시간도 여유도 없는 것이다. 하지만 이 나이대의 여성들에게 가장 흔히 나타나는 질환이 바로 만성피로와 더불어 우울증이다. 막연히 장기가 아프거나 어디가 부러지지 않는 이상 질병이라고 생각하지 않아 좀 피곤하다 싶으면 자면 된다고 생각한다. 하지만 만성피로와 우울증과 권태감 등은 여성이 직장 생활을 하거나 가사와 육아 일을 위해서는 최대의 적이라는 것을 꼭 알아야 한다. 늘 같은 일상과 가족의 시계대로 움직이는 여성들이 크게 재미가 있어서 직장 생활을 하는 것은 아니다. 그런데 만성피로가 생기면 그렇지 않아도 무미건조했던 일상이 온갖 짜증으로 뒤덮이기 마련이다. 그렇게 되면 당연히 직장에서도 가정에서도 존중받을 수 없는 존재가 될 것이다.

올해 45세가 된 정수 씨는 직장 생활 20년 차 워킹맘이다. 그녀는 얼마 전 자궁암 수술을 했다. 다행히 초기에 발견된 덕분에 수술을 할 수 있었고, 앞으로 항암 치료를 계획하고 있다. 20년간 직장에서 일하면서 아파도 제대로 병원 한 번 가지 못했던 그녀는 6개월에 한 번씩 해야 하는 자궁암 검사를 늘 미뤄오기 일쑤였다. 마땅히 평일에 갈 수 있는 시간도 부족했고, 아직 손길이 필요한 아이들을 챙기기 위해 그녀 자신을 돌보지 못했다. 아프지 않으면 몸에 이상이 없을 거라는 생각을 가지고 있었던 게 실수였다. 그런 그녀가 자궁암이라는 것을 안 계기는 바로 교통사고 때문이었다. 교통사고 발생 후 검사 도중 자궁암을 발견하였다. 전혀 자각 증상을 느끼지 못해 자궁암이라는 사실을 안 그녀는 믿을 수가 없었다. 교통사고가 그녀에게 불행이 아닌 행운이었다는 사실을 깨닫게 되었다. 성공적인 수술 이후 회복 중인 그녀는 지나온 날을 회상하며 후회했다. 그동안 자신의 몸을 잘 돌보지 못했고, 너무 혹사 시켰다는 것에 스스로 미안해진다고 했다. 건강하지 못하면 아무것도 할 수 없는데도 가족 때문에 자신의 건강을 뒤로했던 사

뻔뻔하게 요구하고 화끈하게 들이대라

실을 후회했다. 그녀는 나에게 모든 걸 다 내려놨다는 표정으로 이렇게 말했다.

> "네 건강 챙기지 않고 열심히 일하기만 한다고 해서 사람들이 칭찬해 주지 않아. 그리고 고생했다 다독여 주지도 않아. 생각해보면 나는 그렇게 죽도록 일했는데, 누구도 인정해주는 사람이 없더라. 오히려 여자가 너무 나댄다고 샘을 부리는 일이 더 많아. 너도 알지? 아직 이 세상 남자들은 여자가 잘되는 꼴을 못 본다. 욕먹는 것은 그 순간이야. 네가 필요하면 병원도 다니고 꾸준히 정기검진도 받아! 건강 관리해서 꾸준히 오랫동안 일 하고 가족과 함께하는 게 정말 행복인 것 같다. 나는 그 사실을 꼭 아프니깐 알겠네. 너는 그러지 마! 사회 선배로 충고하는 거야!"

그녀의 말에 많은 공감을 했다. 그리고 지금 이 책을 읽고 있는 독자들에게 꼭 알려주고 싶다.

먼저, 지금 당장 뒤로 밀었던 정기검진을 해라. 그리고 적당한 운동이 필요하다. 물론 나도 그렇지만 운동을 한다는 것 자체가 쉬운 일이 아니라는 것을 안다. 더군다나 내 또래의 여성들은 더욱 그렇다. 실제로 경찰관 중에서 서른다섯에서 마흔다섯까지의 기혼 여성들의 체력이 오십 이상 기혼 여성의 체력보다 더 떨어지는 것을 내 눈으로 확인했다. 그만큼 건강을 위한 운동에 담을 쌓고 사는 경우가 많다는 것이다. 하지만 가벼운 운동은 기분전환을 위해서라고 꼭 필요하다. 또, 체중관리는 필수다. 나 역시 그리 날씬한 몸매를 가지고 있지는 않다. 하지만 무조건 날씬한 것보다 나이가 들면서 감소되는 근육량을 늘리는 것이 이상적이다. 운동을 통해서 그리고 적당한 다이어트를 통해서 체중을 감소시키고 근육량을 늘릴 필요가 있다. 그러면 당연히 기초체력도 많이 좋아질 것이다. 마지막으로, 많이 웃어라! 건강에 가장 큰 효과를 줄 것이다. 늘 긍정적으로 생각하고 웃으면 화가 풀리고 기분이 좋아질 것이다.

자신의 커리어를 위해, 가족을 위해 뒤로 미뤄왔던 건강이지만 그렇게 미루기만 한다면 아무것도 할 수 없는 말짱 꽝인 인생이 될 것이다. 여성이 사회에서 리더가 될 수 있는 기본 요건이 건강이라는 것을 잊지 말아야 한다.

뻔뻔하게 오+하ㄴ 화끈하게 도이대라

10. 연봉의 10%를 나를 위해 투자해라

'에르**' 가방의 가격이 얼마인지 다들 알 것이다. 거의 1,000만 원을 호가하는 명품 중 명품이다. 그 정도의 가방을 들고 다니는 여성들을 보면 과연 뭐 하는 사람인지 많이 궁금했다. 그리고 한편으로는 부럽기도 했다. 생각해보면 여성들이 자신을 위해 투자하는 금액이 따지고 보면 엄청나게 많은 셈이다. 가방, 옷, 구두, 화장품, 헤어숍 등 더 열거하기 힘들 정도로 많다는 것을 안다. 그런데 과연 이 많은 목록 중에 자기계발을 위해 투자하는 항목이 있는지 묻고 싶다. 물론 가방이나 옷 등이 여성의 커리어에 전혀 영향이 없다고 할 수는 없다. 하지만 진정한 커리어는 자기계발을 통해 어느 정도 채워야 한다는 것이다. 늘 현재 시점에서 머물러만 있다고 저절로 커리어가 만들어지는 것이 아니기 때문이다. 나 역시 가방이나 옷, 헤어숍에 들어가는 비용이 만만치 않다. 여성들은 대부분 그 항목들을 뺄 수가 없다. 꾸미는 재미를 모르는 것만큼 재미없는 인생도 없기 때문이다. 하지만 나는 그 항목 중에 자기계발 비용이 있다. 이 자기계발 비용은 책을 사거나, 자격증 취득을 위해 사용한다. 주로 책을 사는 게 대부분이다. 거의 한 달 월급의 10% 정도를 차지하는 것 같다.

올해 오십이 된 순영 씨는 공무원이다. 그녀는 요즘 명예퇴직에 대해 신중히 생각해보고 있다. 아직 정년이 십 년이나 남은 그녀가 명예퇴직을 생각하는 이유는 한 가지다. 젊은 직원들보다 뒤처진다는 거다. 점점 업무는 정보 통신의 발달로 컴퓨터 활용을 하지 못하면 따라갈 수 없게 되었다. 예전에 수기로 작성했던 것들도 이제는 모두 컴퓨터를 통해 이루어진다. 프레젠테이션이나 동영상 제작 등 전문적인 기술이 필요한 분야도 이제는 일상화되는 추세다. 하지만 순영 씨에게는 너무나 낯선 용어들뿐이다. 본인이 해야 할 일을 젊은 직원들에게 해달라고 할 수도 없다. 그렇

뻔뻔하게 오누하ㄴ 화끈하게 틀이대라

다고 도와달라고 하기에는 자존심이 상한다. 그리고 도와달라고 해도 적극적으로 도와줄 사람이 그리 많지 않을 것이다. 할 때마다 도움을 주는 것에 많은 불편함을 느끼게 될 것이다. 순영 씨는 조금 더 젊었을 때, 배우지 못한 것을 후회하고 있었다. 충분히 마음만 먹으면 가능했던 일이다. 하지만 당장에 투자해야 하는 돈과 시간, 노력 앞에 스스로 포기하고 말았다. 그래서 지금 그녀는 다시 시작하지도 못하고 차라리 명예퇴직이라는 결정을 내리려고 한다.

현대 사회는 지식 정보화 사회다. 따라서 컴퓨터와 관련된 업무가 미숙하면 따라갈 수가 없다. "나이가 많아지고 직위가 높아지면 안 해도 된다"는 어설픈 생각은 머릿속에서 집어던져야 한다. 이제는 퇴직할 때까지 계속 배우고 더욱 향상시켜야 하는 시대다. 그렇지 않으면 퇴직 전에 스스로 자신을 탓하며 떠나야 한다. 그깟 돈 몇 푼에 자존심까지 집어 던질 필요가 없다는 것이다.

"저는 올해 마흔 살이 된 대한민국 대표 워킹맘입니다. 벌써 큰 아이가 고등학생이니 저도 많이 늙었네요. 저도 예전에는 월급 받으면, 가방 사고 옷 사고 쓰기 바빴어요. 버는 돈 보다 쓰는 돈이 더 많았거든요. 그렇게 15년을 살았죠. 어느 날 문득 방에서 멍하게 천장을 바라보고 있었습니다. 그냥 삶이 무료

했어요. 마땅히 해 둔 것도 없고 그렇다고 돈을 많이 모은 것도 아니고 15년 동안 악착같이 일해서 남은 게 하나도 없다는 것을 알았어요. 앞으로의 삶도 이런 식으로 살면 안 되겠다는 생각이 머리를 스쳐 지나갔습니다. 그래서 그 다음 날부터 당장에 책을 사기 시작했습니다. 물론 똑같은 월급에 한 가지를 더 하니 힘 들었어요. 처음에는 힘들었지만 가면 갈수록 적응이 되었어요. 책을 읽으며 주로 관심이 가는 분야가 생겨나기 시작했고 그 분 야를 전문적으로 배우고 싶었습니다. 그래서 시작한 게 대학원 입학입니다. 다 늙어서 대학원 간다니 아이들도 남편도 콧방귀 를 뀌었어요. 하지만 저는 제 연봉의 10%를 공부를 위해 투자하 기로 하고 시작했습니다. 물론 지금은 10%가 아닌 한 50%는 되 는 것 같아요. 그 대신 다른 투자, 가방이나 옷을 사는 일이 확 줄어서 생활에 어려운 점은 없습니다. 제가 형편이 남들보다 좋 아서 이렇게 하는 게 아닙니다. 맞벌이 부부들 월급 뻔해요. 하 지만 저는 지금 너무 행복한 삶을 사는 것 같아요. 이제 곧 공부 도 마치고 퇴직 후에 새 인생을 살 것입니다."

– 공무원 40세 여

그녀는 자기계발을 위해 본인 연봉의 50% 정도를 투자하고 있 다. 갑자기 연봉이 많아져서가 아니라 다른 항목에 투자하는 비율 을 줄였다. 아니 저절로 줄여졌다. 한 분야에 푹 빠져 공부를 하니 다른 항목에 투자해야 하는 시간도 없고 기회도 그리 많지 않았

뻔뻔하게 오수하ㄴ 화끈하게 들이대라

다. 적당히 필요한 것만 하게 되고, 자기계발을 위한 비용에는 아끼지 않았다. 물론 손이 벌벌 떨려 한두 달을 미뤄 해야 하는 경우도 있었지만, 그런 그녀는 지금 너무 행복하다고 했다. 지금 당장 회사에서 퇴직을 당해도 그녀는 할 일이 있기에 두렵지 않다는 것이다.

나 역시 어느 순간부터 책을 사기 시작했다. 옷과 가방, 화장품을 쇼핑하기 위해 사용했던 인터넷은 책을 보고 책을 고르기 위한 수단으로 바뀌었다. 필요한 책을 주문해서 읽고 또 다른 책을 주문하는 일을 반복하며, 내게는 또 다른 꿈이 생겼다. 자기계발 작가라는 꿈이다. 그래서 또 책을 쓰는 데 필요한 것들과 책을 사는 데 돈을 투자하기 시작했다. 나 역시 안정된 직장을 가지고 있다. 하지만 재직 중에 내 커리어를 위해, 퇴직 후에 제2의 직업을 위해 투자를 아끼지 않는다. 그렇게 노력하니 한 권 한 권 내 책들이 세상에 빛을 보게 되었고, 나는 엄연히 작가라는 제2의 직업을 가지게 되었다. 자기계발을 위한 책값을 가방을 사거나 비싼 옷을 사는 데 투자했다면 지금의 나는 어떤 모습일까? 물론 남들이 봤을 때, 탐낼만한 겉모습을 하고 있을지도 모른다. 하지만 내면에서 우러나오는 반짝반짝한 빛은 흉내 내지 못했을 것이다.

여성이 사회에서 리더로 인정받기 위해서는 노력이 필요한 일을 해야 한다. 노력이 필요하지 않은 일, 누구나 할 수 있는 일, 해도 티 안 나는 일을 누가 못하겠는가? 남들과 비슷한 커리어로 남들과 비슷한 일을 한다면 남들과 같아지는 것밖에 되지 않는다. 남성보다 더 잘해도 주요 자리에 앉을까 말까인데 그들보다 못하거나 같다면 리더의 꿈은 버려야 할 것이다. 그래서 더 배우고 자신에게 투자하라는 것이다. 배워서 남 주나? 배워서 남 안 준다. 모두 내 것이 되고, 또 더욱 성장할 수 있는 힘이 된다. 하루아침에 많은 변화가 일어나는 현대 사회에서 변화가 두렵다고 피하려고 한다면 더 이상 피할 곳이 없기 마련이다. 그리고 낙오자가 되는 것이다. 변화가 생기면 변화와 맞서 싸우고 배우는 것이 답이다. 답을 알면서 왜 틀린 답을 선택하려고 하는지, 왜 다른 대안을 선택하려고 하는지 알 수 없다. 남성들과 다르게 성공한 여성은 모두 처음부터 변화를 두려워하지 않았다. 변화에 맞서고 변화의 파고에 뛰어들었다. 그리고 늘 배우는 것에 투자했다. 자기계발에 시간과 돈을 투자했다. 처음부터 차곡차곡 모아졌던 커리어가 지금의 성공한 그녀들을 있게 했다고 해도 과언이 아니다. 나이가 많다고 무조건 사회에서 낙오되는 것이 아니다. 나이가 적다고 무조건 탄탄대로를 걷는 것도 아니다. 나이는 숫자에 불과하다. 나이가 많건 적건 열정을 가지고 얼마나 악착같이 자기계발을 하느냐에 따라 성공이 결정되는 것이다.

지금 당장 연봉의 10%를 나를 위해 투자하라는 말은 더 비싸고 고급스러운 액세서리로 자신을 포장하라는 말이 아니다. 자신의 커리어를 위해, 내면에서 우러나오는 빛을 위해 자신의 배움을 위해 투자하라는 말이다.

Chapter 3

대한민국에서 가장 나쁜 엄마가 되라

1. 아침마다 등 돌리는 엄마,
좋은 엄마 콤플렉스에서 벗어나라

대한민국 워킹맘들은 모두 대한민국에서 가장 나쁜 엄마라고 생각할 것이다. 그것은 일을 통해 어느 정도의 경제적 여유와 자기계발이라는 명목으로 할 수 없이 선택한 닉네임이다.

나 역시 나쁜 엄마다. 좋은 엄마가 되어보겠다고 시작한 내 일이지만, 이제는 좋은 엄마는커녕 나쁜 엄마가 되어버렸다. 결혼전에는 분명 아이를 낳아도 정말 행복한 가정을 꾸리며, 좋은 엄

뻔뻔하게 요구하고 화끈하게 들이대라

마가 되리라 생각했었다. 그게 모든 대한민국 엄마들의 마음일 것이다. 하지만 아이를 출산하고 시작된 '대한민국 워킹맘'이라는 역할은 나를 나쁜 엄마라는 굴레 속에서 빠져나오지 못하게 만들었다.

2007년 6월 첫 아이를 낳았다. 그날은 바로 음력으로 4월 29일, 윤달이 있어서 음력으로 4월 마지막 날이었다. 그 날 아이를 낳기 위해 내가 얼마나 노력했는지, 지금 생각해도 난 위대한 엄마였다. 그냥 산통이 시작되면 아이를 낳는 것이 아니냐고 묻겠지만, 난 예정일보다 2주 일찍 아이가 태어나기만을 간절히 바랐다. 지금 생각해 보면 신빙성이 없는 일이지만, 음력으로 매달 초순에 태어난 여자아이는 팔자가 드세다는 시어머니의 말 한마디 때문이었다. 아이의 탄생 순간부터 좋은 엄마가 되고 싶은 간절함이 있었다. 그게 마음대로 되냐며 묻고 싶겠지만, 계속된 계단 오르내리기와 운동 덕분에 산통은 빨리 왔고, 극적으로 4월 마지막 날에 첫 아이를 낳았다. 내 아이의 운명이었는지, 내가 일부러 만든 운명이었는지는 모르지만, 나도 어쩔 수 없는 속물 엄마였다. 이렇게 시작된 나의 워킹맘 생활은 그리 평탄치 않았다. 출산휴가 90일이 지나자마자 100일도 안 된 아이를 보모에게 맡기고 돌아서는 마음은 찢어지는 듯했다. 아침 8시가 되기도 전에 눈도 제대로 뜨지 못한 아이를 가슴에 안고 집을 나섰다. 그리고 출근길에 다른 사람 손에 맡기고 뒤돌아 서야 했던 나의 심정은 겪어보지 못한 사람은 알 수 없을 것이다. 나는 그렇게 매일 내 아이와 아침마다 이별해야 했다. 7년이 지난 지금 두 아이의 엄마가 되었음에도 난 여전히 아침마다 아이들과 이별하고, 등을 돌려 직장으로 향해야 하는, 여전히 나쁜 엄마다. 대한민국 워킹맘들은 대부분 나 같은 삶을 살며 아이들과 이별하며, 아침마다 등을 돌릴 것이다.

아이에게 할 수 없이 등을 돌리고 직장으로 향한 그녀들. 직장에서 인정받기 위해 불철주야 고군분투하는 워킹맘들의 생활은 안 봐도 훤한 일이다. 사회에서 여자가 아닌 직장인으로 인정받기 위해 아이들의 눈물쯤은 참아야 하는 일이 되었다. 아이가 아프면 아이의 두 손에 약을 쥐여주고 등을 돌려야 했고, 놀아 달라는 아이 손을 뿌리쳐야 했다. 행여 아이가 볼까 봐 허리를 굽은 채로 걸어 나와야 했고, 아이가 아프면 점심을 굶고 병원에 데리고 가야 했다. 한 주먹밖에 안 되는 엉덩이에는 주삿바늘을 꽂아야 하며, 이럴 수밖에 없는 엄마를 이해해달라고 설득시켜야 했다. 그러면서도 직장에서는 일 잘하는 사람으로 기억되기 위해 내 아픔을 표현하지 않았다. 흐르는 눈물을 가슴속으로 삼키며 오늘 하루만 잘 지나가 달라며 통 사정하기도 했다. 워킹맘이라면 한번쯤은 겪었을 당연한 일상이다.

뻔뻔하게 요구하고 화끈하게 들이대라

"어우, 진짜 무슨 부귀영화를 누리겠다고 이렇게 아등바등 일하며 살아야 하는 거야? 아이들은 아직 어려서 내가 출근할 때마다 눈물 바람이고, 맘 놓고 맡길 곳 하나 없어서 어린것들을 어린이집에 맡겨야 해. 그냥 때려 치우고 싶어도 그동안 해 둔 게 아까워서 포기하고 싶지 않아. 솔직히 난 엄마로만, 여자로만 살려고 이렇게 공부하고 이만큼 이룬 게 아니거든. 근데 요즘은 솔직히 아이들한테 미안해서 그만두고 싶다는 생각도 해. 내가 나쁜 년인가?"

– 마케팅회사 과장, K 씨, 36세

대학교 같은 과 친구 K의 이야기다. 어쩜 나랑 하나도 다르지 않은 생각을 할 수 있는지 깜짝 놀랐다. 워킹맘은 모두 K 씨와 같은 생각을 하며 하루하루를 보내고 있을지도 모른다. 스스로를 '나쁜 년'이라는 굴레 속에서 가둬놓고, 늘 아이들에게는 죄인으로 살고 있을 것이다. '엄마'라는 존재, '워킹맘'이라는 존재가 뭔 죄길래, 대한민국 엄마들은 모두 죄책감에 시달려야 하는 것일까? 돈을 벌며, 집안일을 하고, 아이들을 보살피는 여러 가지 일을 하면서도 왜 죄인으로 취급받아야 하는지, 과연 이 죄인이라는 굴레는 누가 씌워주었는지 생각해 보았다. 답은 쉽게 나왔다. 바로 워킹맘 스스로 '죄인이며, 나쁜 엄마'라고 생각하고 있었던 것이다.

Chapter 3

"은지야, 엄마가 일하는 거 어때?"

"뭐가 어때? 엄마가 일하는 게 뭐 어떤데?"

"아니, 엄마가 일하는 게 잘못하는 걸까? 너희한테 엄마가 미안해야 하는 걸까?"

"엄마, 왜? 아빠도 일하는데, 엄마도 일하는 게 맞는 거 아니야? 왜 그게 미안한데?"

"엄마가 일해서 너희가 어린이집에 빨리 가야 하고, 아파도 쉬지도 못하잖아."

"엄마! 엄마들이 일 안 하는 친구들도 어린이집에 빨리 오고, 아프면 약 먹으면 되거든."

우리 딸은 나보다 더 큰 마인드로 엄마가 일해야 하는 이유를, 엄마가 죄인이 아니라는 이유를 간단명료하게 알려주었다. 나는 그동안 아이들에게 미안하고, 스스로 죄인이라고 자처하고 살았다. 그런데 우리 딸은 오히려 그런 생각이 이상하다는 듯 고개를 갸우뚱거렸다. 그 일을 계기로 나는 워킹맘에 대한 마인드가 달라졌다. 그리고 주위에서 그런 일로 힘들어하는 이들에게 위로보다는 독한 조언을 해준다.

"우리 애들, 쌍둥이요. 우리 애들이 감기에 걸렸는데 어린이집 보내고 왔어요. 애들 맡길 일가친척 하나 없어서 이럴 때는 진짜 어쩔 수 없네요. 감기 걸리면 잘 먹지도 못하고, 투정

부릴까 봐 걱정이에요. 어떡하죠? 종일 일이 손에 안 잡힐 것 같아요. 하루 연가를 낼 수도 없고."

— N 금융기관 근무, P 씨, 32세

"야! 괜찮아. 약 먹였지? 약도 보냈지? 그럼 걱정하지 마. 애들 다 그렇게 큰다. 우리 애들 아주 어렸을 때부터 어린이집 다녔던 거 알지? 감기나 장염 뭐 그런 걸로 나는 연가 한 번 안 냈어. 내가 독하다고? 그럼 다 독하지. 독하니까 이렇게 애들 떼놓고 일하는 거야. 애들 어린이집 가면 아파도 밥 잘 먹고, 또 어린이집에서 집에서보다 더 잘 먹여. 아프면 약 먹이면 되잖아. 열나면 해열제 먹이면 되지. 물론 집에서 쉴 수 있게 데리고 있으면 더 좋겠지만, 아플 때마다 어린이집 안 보내고 데리고 있으려면 직장 생활 어떻게 하냐? 때려치워야지. 안 그래? 스스로 나쁜 엄마라는 생각을 버려. 일하는 엄마들 애들은 강하게 키워야 해."

주위 사람들은 내가 이렇게 말을 하면, 나를 '모진 년'이라고 표현한다. 일한다는 핑계로 애들이 아프든 말든 신경 쓰지 않는다고 생각한다. 하지만 독하게 말하는 나 역시 마음이 아프고, 아리다. 그렇다고 그럴 때마다 아이들을 위해 일을 쉬거나, 발만 동동 구르며 혼을 빼고 일을 할 수는 없지 않은가. 다만, 잠시 시간을 내서 애들을 병원에 데리고 가고, 아픈 아이에게 엄마 얼굴을 한 번 더 보여주는 것으로 마음의 불안을 없앨 뿐이다. 그리고 나면 나도 아이도 마음이 편안해지는 것을 느낄 수 있었다.

워킹맘이어서 아이들에게 잘해 주지 못한다고 생각할 수도 있다. 가지 않아도 될 곳을 너무 일찍 보내야 해서 미안하다고 생각할 수도 있다. 아이가 아프거나 힘들어하면, 내가 일을 해서 아이를 돌보지 못해 그런 것이라고 죄책감에 시달릴 수 있다. 얼마나 벌겠다고, 어디까지 올라가겠다고 아침마다 아이 눈에서 눈물을 빼나 한탄도 할 수 있다. 하지만 여성이 그것도 워킹맘이 사회에서 성장하기 위해서는 아침마다 아이들에게 등 돌리는 과정쯤은 눈물을 머금고 참아야 한다. 그 정도 각오없이 시작한 일이 아니지 않은가. 그런 엄마를 우리 아이들이 이해해줄 때가 오리라는 것을 우리는 스스로 잘 알고 있다. 그리고 애써 좋은 엄마가 되려는 노력을 하지 않아도 아이들은 엄마를 좋아한다. 엄마니까.

세상에 좋은 엄마 나쁜 엄마는 없다. 단지 다른 엄마만 존재한다는 사실을 알아야 하지 않을까?

뻔뻔하게 2+하고 화끈하게 들이대라

2. 당당한 모유 수유는 아이에게 줄 수 있는 최고의 선물이다

첫 아이 출산 휴가가 끝난 후부터 일 년 동안 나의 출근 준비물에는 유축기가 빠지지 않았다. 지금은 작고 간편하게 나오기도 하지만 7년 전에는 작은 아이스박스 정도 크기의 유축기가 검은색 가방 안에 들어기 있었다. 치음 본 사람들은 다들 아이스박스를 왜 만날 들고 다니는지 이상하게 생각하기도 했다.

많은 직장 여성이 출산 후 처음부터 포기하는 일이 모유 수유라고 한다. 물론 내 주위에도 모유 수유를 하는 여성이 많지 않다. 일하지 않고 집에서 육아를 하는 여성도 모유 수유를 하지 않으려는 추세다. 그런데 직장 생활하는 여성이 모유 수유를 한다는 것은 무척 어려운 일이다. 일정 시간이 되면 젖이 퉁퉁 불어 느껴지는 고통은 느껴보지 못한 사람은 상상도 할 수 없다. 젖이 새어나와 옷 밖으로 묻어나기도 한다. 그리고 일명 '젖내'가 나에게 종일 풍긴다는 생각을 하면 솔직히 모유 수유는 포기하고 싶은 심정이었다. 나 역시 그랬다. 아이를 출산하고 나서 많이 나오지 않은 모유 때문에 분유와 혼합 수유를 했다. 2~3시간에 한 번씩 아이에게 젖을 물려야 할 때면 그만하고 싶다는 생각이 간절했다. 하지만 힘들어도 모유 수유는 꼭 아이에게 해주고 싶었다. 많은 양은 아니었지만, 그래서 더욱더 오랫동안 먹이고 싶었던 심정이었다. 출산 휴가가 끝나고 첫 출근을 할 시기가 다가오자 모유 수유를 어떻게 해야 할지 걱정이 앞섰다. 그래서 장만한 커다란 유축기는 그 후로 일 년 동안 나의 분신이 될 정도로 많이 친해졌다. 하루 24시간 중에 자는 시간 8시간을 제외하고 반을 나와 함께 보냈다고 해도 과언이 아닐 정도였다.

직장에 출근해서도 모유를 유축기로 저장하기로 했다. 3시간에 한 번씩 모유 팩에 모유를 유축해서 사무실 냉동실에 얼려두고, 퇴근할 때 집으로 가지고 가는 방식으로 일 년 동안 아이에게 모유를 먹일 수 있었다. 지금 내가 하는 말에 반문 하고 싶은 이들

뻔뻔하게 오구하고 화끈하게 들이대라

이 있을 것이다.

"직장에서 일 하면서 어떻게 그렇게 수시로 자리를 비울 수 있나요?"

"남자 직원들이, 아니 여자 직원이라도 이해할 수 있을까요?"

"마땅히 유축기를 사용할 공간도 없고, 누가 볼까 봐 불안해서 어떻게 해요?"

"모유가 좋다는 거 모르는 거 아니지만, 꼭 그렇게까지 해서 모유를 먹여야 하나요?"

"온종일 지치는데, 모유까지 유축하려면 얼마나 힘들겠어요."

물론 직장에서 좋아할 리 없다. 특히 처음엔 직장 동료들이 전부 나를 이상하게 쳐다봤었다. 하지만 나는 당당하게 말했다. 아이에게 모유가 좋다는 걸 모르는 사람이 없기에 오히려 더 쉽게 이해시킬 수 있었다. 시간이 지나면서 나는 오히려 더 당당하게 "잠깐 다녀올게요"하고, 서둘러 유축기를 들고 뛰었다. 시간이 지나면 퉁퉁 불은 젖이 선사해주는 고통을 받지 않기 위해서 더욱더 빠르게 움직였다. 내가 일하는 곳은 파출소였다. 경찰관서는 여자보다 남자 직원 비율이 훨씬 많은 곳이다. 여자는 유일하게 나 혼자였지만, 남자 직원들은 오히려 나를 너 이해해줬다. 당연히 아이를 위해 해야 하는 일이라는 것을 알지만, 행동으로 옮긴 나를 대단하다고 여겼다. 남자들 틈 속에서 쉽지 않은 일이라는 것을 그네들이 더 잘 알기에 나의 당당함에 두 손을 번쩍 들어 손뼉을 쳐 준 것이다. 남자 직원들의 숫자가 더 많으니 당연히 여자를 위한 휴게실이 없었다. 남자 직원들이 옷 갈아입는 방 2개가 있었는데 나는 그중 한 곳에 들어가서 여름에는 땀을 뻘뻘 흘리며, 겨울에는 추위에 동동 구르며 유축기를 내내 돌렸던 기억이 난다. 문 잠금장치가 고장 나서 한 손으로 문을 잡고 한 손으로는 유축기를 잡고 불안한 마음으로 모유를 모았다. 불안한 마음과 함께 '내가 무슨 짓을 하고 있는 거지?' 하며 혼자서 중얼중얼 거리기도 했다. 내가 처한 이 상황에서 벗어나고 싶다는 생각을 하기도 했다. 힘들지 않았다면 거짓말이었고, 수치스럽지 않았다면 난 여자이기를 포기한 것이나 다름없었다. 그만큼 나도 힘들었다. 모유 성분이 들어간 분유를 먹이면 된다고 생각한 적도 있었지만, 포기하지 않았다.

"지금 포기하면 그동안 해왔던 일이 모두 물거품 되는 것은 아닐까?"

"이만큼 했으면 된 거지, 이걸로도 난 장한 엄마야."

하루에도 수십 번 바뀌는 생각들은 나를 갈등의 도가니로 몰아넣었다. 하지만 항상 결론은 하나였다.

"처음부터 목표로 세웠던 돌 때까지는 먹여야 한다. 일한다고 백일도 안 된 아이를 남의 손에 맡기는 것도 미안한데 내가 좀 힘들더라도 먹는 것만큼은 좋은 거 먹이고 싶다."

뻔뻔하게 오누하 화끈하게 들이대라

오기로 버티는 나 자신과의 싸움을 선택했다. 일 년 동안 유축기를 들고 출퇴근했고, 모유를 먹여야 하는 탓에 술을 먹어야 하는 회식 자리는 자주 참석하지 못했다. 큰 아이가 돌이 될 때까지 그랬다. 그리고 둘째 아이가 태어나서도 큰 아이와 같은 방법으로 돌이 될 때까지 모유 수유를 고집했다. 나의 선택에는 후회가 없다. 오히려 나는 당당한 모유 수유로 아이들에게 보상 아닌 보상을 해줄 수 있었다.

나와 같은 경찰서에 근무하는 여자 직원이 있다. 나처럼 지금은 두 아이의 엄마가 되었지만, 그녀 역시 모유 수유 때문에 엄청나게 힘들어했다. 육아휴직까지 끝내고 복직한 그녀는 아이가 돌이 지난 후에도 계속 모유를 먹이고 있었다. 하루는 야간 당직이 있어 경찰서에서 당직을 하는데, 아이를 봐주시는 시어머니께서 차로 30분 거리를 아이를 안고 온 가족이 총출동하여 경찰서까지 부랴부랴 뛰어 오셨다. 아이가 엄마 젖을 찾느라 종일 아무것도 먹지 않고 투정을 부렸다는 거다. 그녀는 연락을 받고 당직 근무 중에 차에 가서 아이에게 젖을 물렸다. 젖을 물리면서 아이에게 미안한 마음에 눈물을 하염없이 흘렸다고 했다. 그래도 그런 과정을 거쳐 아이에게 모유 수유를 했던 그녀는 둘째 역시 같은 과정을 거쳐 아이를 키우고 있다. 그녀 역시 힘들었을 것이다. 그냥 분유를 먹여도 될 일이었다. 하지만 그녀 역시 직장에 다니는 엄마로서 아이들에게 미안한 마음을 이런 방법으로 보답해주었다. 다른 방법도 있었겠지만, 스스로 할 수 있고 아이들에게 좋은 선물이 될 수 있는 방법을 위해 그녀도 나도 당당하게 모유 수유 중이라는 것을 밝혔다.

요즘은 아이를 낳으면 사회에서 감수해야 할 일이 많기 때문에 아이를 낳지 않겠다는 여성도 증가했다. 주위에서 아이들 때문에 힘들어하는 여성 선배들을 자주 봐서인지 쉬 엄두가 나지 않는다는 것이다. 그래도 출산이라는 과정은 여성만 겪을 수 있는 소중한 보물이다. 그리고 출산 후 아이에게 해 줄 수 있는 더 소중한 보물은 바로 모유 수유다. 직장 생활을 해야 하고, 마땅한 장소도 없고, 시간을 제대로 활용할 수 없어서 포기할 수 있다. 다른 직원들의 시선이 걱정돼서, 스스로 해낼 자신이 없어 망설이고 있을 수 있다. 물론 어떤 선택이 정답인지는 기준을 둘 수 없다. 모두가 생각의 차이가 있기 때문이다. 하지만 직장 12년차 대한민국의 전형적인 워킹맘인 나는 이렇게 생각한다.

우린 직장 여성이기 이전에 아이들의 엄마며, 엄마가 될 여성이다. '여자는 약하지만, 어머니는 강하다'는 말이 있듯이, 엄마로서 아이들에게 해 줄 수 있는 일이라면 주저하지 말아야 한다. 모유 수유는 분명 직장 생활 중에 쉽게 해낼 수 있는 일이 아니다. 때로는 걸림돌이 될 수도 있다. 하지만 그 걸림돌을 당당히 걸어차

뻔뻔하게 오+하니 홀근하게 틀이데라

고, 당당히 표현하여 모유 수유를 할 수 있다면 주위 사람들은 그 여성을 모성본능도 강하고, 남의 시선을 생각하지도 않는 당찬 여성이라 생각할 것이다. 당연히 주위의 비판보다는 칭찬과 놀라움의 대상으로 전환 될 것이다. 그래서 사회에서 활동하는 여성은 꼭 모유 수유는 해봐야 한다고 생각한다. 당당한 모유 수유는 아이에게 주는 최고의 선물이자, 사회에서 더욱 당당해 질 수 있는 기회가 될 수 있음을 알리고 싶다.

113

3. 아이들이 흘린 눈물만큼, 내 레벨이 성장한다

"선생님, 은지 엄마예요. 오늘 제가 교육이 있어 내일까지 은지를 보살펴 주지 못해요. 아빠가 챙겨서 데려다 줄 거예요. 그런데 은지 머리가 또 칠락팔락일 것 같아서요. 오늘하고 내일까지 은지 오면 예쁘게 머리 묶어 주세요. 부탁해요."

"어머니, 걱정하지 마세요. 은지 어린이집에 올 때 머리 모양 보면 엄마가 있는지 없는지 알 수 있어요. 머리끈만 챙겨서 보내

뻔뻔하게 ♡우하니 화끈하게 들이대라

주세요. 머리끈이 없을 때는 아쉽더라고요. 교육 잘 다녀오세요."

"아 그리고 선생님, 혹시 준비물이 있으면 저에게 문자 주세요. 제가 챙기라고 연락할게요. 잘 부탁해요."

큰 아이가 6살 때까지 경찰 생활 12년 동안 나는 외박이라는 것을 할 수 없었다. 가까운 곳에서 당일에 실시되는 교육조차도 이른 아침에 아이를 맡길 곳이 없어 꺼려했다. 그래서인지 점점 직장에서의 레벨은 늘 제자리였다. 늘 만나는 사람만 만났고, 늘 하는 일만 했다. 하고 있는 일에는 베테랑이었지만, 점점 스스로 자신이 없어졌다. 그래서 아이가 7살이 되었을 때, 다른 일에 도전해 보고 싶다는 생각을 하기 시작했다. 물론 7살도 아직은 어리지만, 생각해보니 8살도 10살도 20살도 나에게는 늘 어린 아이로만 여겨질 것 같았다. 내 존재감과 직장에서의 레벨을 향상 시키고 싶고, 제2의 비전을 찾고 싶다는 생각이 유난히 많이 들었다. 그리고 때마침 '경찰 채용 홍보 원정대'라는 것에 관심을 갖게 되었고, 도전해 보고 싶었다. 그런데 항상 내 발목을 잡았던 것은 교육이었다. 1박 2일의 교육과 워크숍이 예정되어 있었기에 선뜻 결정할 수 없었다. 아이들을 맡길 곳도 없는데 같은 경찰관이었던 남편의 근무와 딱 떨어지게 맞출 수 없었기 때문이다. 하지만 남편은 나의 열정을 인정해주며, 기꺼이 다녀오라고 더 쐐기를 박아주었다. 그렇게 시작된 아이들과 떨어진 첫 외박은 걱정 반, 설렘 반으로 시작되었다. 그리고 그 결정은 지금의 나를 있게 해 준 원동력이 되었다.

직장에서는 여성이라고 배려해 주는 일이 흔치 않다. 출장이나 교육은 워킹맘에게 선뜻 나설 수 있는 일이 아니지만, 할 수밖에 없는 일이라는 것을 잘 안다. 분명 직장에서 좋은 입지를 다질 수 있는 기회가 될 수도 있다. 하지만 그 사실을 몰라서 여성들이 쉽게 선택하지 않은 것은 아니다. 모두 가족, 특히 어린 아이들을 떼 놓고 가기가 쉽지 않기 때문이다. 출장이나 교육은 고사하고 남자들의 회식 문화에도 여성들은 쉽게 참석하지 못한다. 밤에 아이들을 돌봐 줄 사람이 마땅치 않았고 아이들이 엄마를 기다리고 있다는 생각으로 쉽게 발이 떨어지지 않기 때문이다.

여성이라고 해서 공부 실력이 더 월등하거나 뒤처지는 것도 아니며, 남성보다 더 잘하거나 못하는 것도 아니다. 자신의 능력에 따라 그에 맞는 일을 해결해 나갈 수 있는 능력을 갖추고 있다. 생물학적 뇌의 구조로 멀티태스킹이 가능한 것이 남성과 다른 장점이다.

한 마디로 스스로 노력한다면 사회에서 인정하는 그리고 스스로 인정하는 레벨을 어느 정도 가질 수 있다는 것이다. 아니, 가지고 있어야 한다. 그런데 불행하게도 많은 여성이 내 기대와는 달리 적정한 레벨만큼 성장하지 못하고 있다. 분명 대학 입학생 수의 절반은 여성이었고, 고시 합격자 역시 여자가 반이었는데, 그 많고 많은 여성 인재는 지금 어디서 뭘 하고 있는지 궁금할 정도다. 여러 사람이 예측하고 있겠지만, 여성 인재들의 반은 결혼 후

뻔뻔하게 요구하고 화끈하게 들이대라

집에 들어앉았을 것이다. 이런저런 이유로, 특히 내가 가장 힘들어하는 육아 문제는 할 수 없이 사회에서의 레벨을 잠시 접고 가정에서의 레벨을 성장시키고 있을 것이다. 나 역시 가정에서의 레벨을 성장시키고 싶다는 생각을 한 적이 있다. 내가 업무로 바쁘거나, 시간을 낼 수 없어 아픈 아이들을 어린이집에 보내야 했을 때, 그리고 열을 빨리 내리기 위해 작은 엉덩이에 주삿바늘을 꽂아야 했을 때에는 그 어느 때보다 더 이상 애쓰고 싶지 않다고 생각했다. 전에도 그랬고, 지금도 그렇다. 그 심정은 항상 마음속 한편에 보관하고 있다가 여차하면 퇴장하고 싶을 때 쓰고 싶은 '레드카드'였다.

항상 일보다 가정이 먼저라고 하지만, 실제로 가정만 챙기다가 사회에서 여성 레벨은 항상 같은 수준이라는 것은 모두가 다 아는 기정사실이 되어버렸다.

1박 2일의 교육을 마치고 집으로 돌아오는 순간, 나는 눈물을 참을 수 없었다. 집은 엉망이었고, 우리 딸의 머리는 그야말로 산발이었다. 분명 아빠가 씻기고 밥을 먹이고 가장 예쁜 옷으로 입혔을 것이다. 그런데 유난히 수척해 보이고 까칠해 보이는 얼굴은 내 마음을 찢어 놓는 듯했다. 미쳐 준비물을 챙겨가지 못한 둘째는 날 보자마자 넋두리하기 바빴다. 그래도 날 향해 반갑게 뛰어오는 아이들의 모습에 눈물을 꾹꾹 삼켰다. 다 삐져나온 머리카락 사이로 아이 볼에 뽀뽀를 해주고, 반찬은 뭐 먹었는지, 어린이집에서는 뭐 만들었는지 묻기 시작했다. 그래도 엄마가 없다고 시무룩해 있을까 봐 걱정이었는데 아이들의 표정에서는 전혀 그런 모습을 찾아볼 수 없었다. 오히려 나에게 재미있었는지, 피곤하지 않은지 물어보는 아이들이었다. 분명 떠날 때는 가지 말라며 우는 아이들이었는데……. 하지만 그 눈물을 뒤로하고 무거운 발걸음을 옮겼던 나다. 힘들었지만, 아이들의 눈물을 참았기에 나는 더 성장할 수 있었던 것 같다. 그 후로도 아이들은 내가 교육을 가고, 회식에 참석해야 한다고 하면 늘 그때처럼 서운해하며 울고, 가지 말라고 말을 한다. 하지만 그것도 잠시 아이들은 쿨 하게 나를 더 응원해 준다. 엄마도 아빠처럼 일하는 사람이니 당연하다는 것을 점점 알아가는 것 같다.

118

　　"언니, 나는 육아휴직을 일 년 더 해야 할 것 같아. 아이가 아직 돌도 안 지났는데 복직하려고 하니 도저히 발이 안 떨어질 것 같아. 집에서 아이들 돌보고 편하게 사니까 또 이 생활이 나쁘진 않은 것 같아. 남편도 좋아하고, 아이들도 좋아해. 그런데 솔직히 불안하기도 해. 내가 뒤처지는 것은 아닌지. 이러다 복직해서 적응 못 하고 그만둘까 봐 걱정되기도 하고. 언니는 정말 대단한 것 같아. 어떻게 그 어린 것들을 때 놓고 출근을 했어? 그리고 이렇게 누구보다 당당하게 일도 잘하고 인정받고 살잖아. 부러워. 사실 나도 언니 같은 삶을 살고 싶은데, 쉽지

뻔뻔하게 요구하ㄴ 화끈하게 들이대라

가 않아. 아이들이 흘릴 눈물을 생각만 해도 이렇게 힘든데 말이야. "

직장 후배인 S는 대부분의 여성이 겪는 일로 고민을 하고 있다. 분명 일 년만 휴직하고 복직하리라 생각했는데, 막상 어린아이를 두고 일을 할 수 없다고 한다. 하지만 직장에서, 사회에서 뒤처지고 성장하지 못할 수도 있다는 걱정이 앞서 어떻게 해야 할지를 결정하지 못한다. 자신을 위해서라면 직장을 선택해서 성장하고 싶고, 가정을 위해서라면 사회에서의 성장 레벨을 포기해야 한다. 물론 어느 쪽이 더 좋은 선택이고, 나쁜 선택인지에 대해서는 정답이 없다. 단지 스스로 판단해야 할 부분이다. 나는 직장에서, 사회에서의 내 레벨 성장을 선택했다. 물론 가정을 포기한 것은 아니다. 나는 출산휴가 이후에 바로 출근을 했지만, 큰 아이가 7살이 될 때까지 아이들 위주로 근무지와 업무를 선택했다. 보수는 많지 않지만, 아이들과 많은 시간을 보내기 위해 휴일에 모두 쉴 수 있는 근무지를 택했다. 그리고 직장에서는 내 업무 분야에 대해서 많은 공부와 연구를 했다. 남자들 틈에서 무시 받지 않은 여성이 되기 위해 그들보다 더 많은 뜀박질을 해야 했다. 물론 그런 과정에서 아이들의 눈물을 수없이 참아야 했다. 하지만 아이들의 눈물 때문에 내가 가야 할 길을 멈추고 싶지 않았다. 나를 모진 엄마라고 나쁜 엄마라고 생각해도 좋다. 내 업무에서 인정받고, 남들에

119

게 큰소리치며 살 수 있는 커리어를 만들어야 했다. 그에 필요한 교육과 자격증은 사이버학습을 통해 이루었다. 물론 앞으로 더 성장할 것이지만, 나는 그덕분에 몸값이 꽤 나가는 레벨을 갖추었다고 생각한다. 지금의 내가 있었던 것은 바로 우리 아이들의 눈물을 가슴속으로 꾹꾹 참은 덕분이라 생각한다. 나의 희망이자 행복인 우리 딸이 나에게 이런 말을 했다.

"나는 엄마가 지금보다 더 멋지고, 인기 있는 엄마가 되었으면 좋겠어. 친구들이 우리 엄마를 부러워하게 하고 싶어."

아이들이 흘린 눈물만큼, 내 사회적 레벨이 성장하고 아이들도 스스로 성장할 수 있다는 것을 믿는다.

뻔뻔하게 요구하ㄴ 화끈하게 들이대라

4. 가족의 꿈에 네 꿈을 저당 잡지 마라

"이 녀석이, 무슨 말 하는 거야? 너 의사, 판검사 시키겠다고 엄마가 너 어릴 때부터 들인 공이 얼마인데, 겨우 한다는 게 뭐? 뭘 하겠다고? 너 유치원 다닐 때부터 엄마가 너 데리고 다니면서 학원 여기저기 다니느라 얼마나 고생했는지 몰라? 고등학교 때는 야간 자율학습 끝나는 거 밤마다 학교 앞에서 기다리다 데리고 오고, 너 시험 기간에는 엄마도 같이 잠도 못 잤어.

그런데 뭐? 뭘 하겠다고? 너 엄마한테 그럴 수 있어? 이렇게 배신해도 되는 거야? 엄마는 네가 판검사 되는 게 평생 꿈이야."

– 50세, 가정주부, M 씨

아들을 판검사로 만들기 위해 아들이 어렸을 때부터 뒷바라지를 열심히 해 온 어느 어머니의 하소연이다. 평생 못 배운 게 한이 되어 자식만큼은 떵떵거릴 수 있는 판검사를 시키고 싶었다. 어머니는 아들의 꿈을 미리 정해 놓고, 아들이 아닌 자신이 원하는 꿈을 이루기 위해 불철주야 노력했다. 하지만 어릴 때는 아들이 어머니의 의견을 제법 잘 따르더니 점점 머리가 커 갈수록 자신이 하고 싶은 일을 찾기 시작했다. 바로 정체성을 찾은 것이다. 아들은 어머니가 시키는 것만 해야 했고, 골라주는 옷만 입어야 했으며, 어머니가 생각하는 일만 해야 했다. 그럴수록 아들은 스스로 꿈이라는 것을 꿔보지도 못한 사람이 되어가고 있었다. 아들이 판검사가 되는 게 자신의 꿈이라고 생각하며, 아들의 배신이 마치 자신의 꿈을 배신하는 것으로 생각했던 거다.

세상의 어머니라는 존재는 자신이 하고 싶은 것, 되고 싶은 것, 먹고 싶은 것, 갖고 싶은 것을 먼저 생각하지 못한다. 무조건 자식이 되어야 하는 것, 남편에게 먹여야 하는 것, 자식에게 사줘야 하는 것처럼 온갖 기준을 가족에게 맞춘다. 보통 우리네 엄마들이 주로 그래 왔다. 하지만 지금은 어떤가? 지금의 엄마들은 이기적인 생각을 갖기 시작하고 있다.

뻔뻔하게 오구하니 화끈하게 들이대라

16년 차 직장인이며, 두 아이를 둔 워킹맘인 P는 아주 평범한 엄마였다. 그녀도 우리네 엄마들처럼 자식과 남편을 위해 희생했다. 당연히 가족이 행복할 수 있는 일을 했고, 가족이 원하는 일을 했다. 여느 가정과 마찬가지로 아등바등 살면서 하루하루를 일과 가사일로 쩌들며 지냈다. 그러던 그녀에게 언제부턴가 '꿈'이라는 녀석이 찾아와 수시로 그녀의 마음을 노크했다. 16년 동안의 직장 생활 중에 뭔가 하고 싶다는 생각 한 번 해보지 않은 것은 아니었으나, 쉽게 도전하지 못했다. 그런데 그 '꿈'이라는 친구는 이제 더 이상 참지 못하겠다고 어서 문을 열어달라고 표현하기 시작했다. 그래서 그녀는 그 꿈을 외면하지 못하고 받아들이기로 했다. 그리고 꿈이 시키는 일을 위해 생각하고 또 생각하고 결심했다. 그녀의 꿈은 바로 자기계발 작가, 동기부여가다. 평범한 워킹맘이었던 그녀는 평범한 워킹맘도 꿈을 꾸고 도전할 수 있다는 것을 표현하는 책을 쓰는 작가가 되고 싶었다. 그리고 피나는 노력 끝에 자신과 같은 처지에 있는 여성들에게 힘이 되어줄 책을 출간하였고, 작가가 되었다. 16년 만에 처음으로 가족이 아닌 자신의 꿈을 위해 도전했고, 그 도전은 더 큰 도전을 위한 원동력이 되었다.

그녀의 도전에 나는 박수를 보냈다. 그리고 그녀의 스토리를 보고 나 역시 '할 수 있다'는 자신감을 가질 수 있었다. 머나먼 다른 세계의 일이라고 생각했지만, 나처럼 평범한 사람도 가능하다는 것을 실제로 확인할 수 있는 일이었다. 그녀는 정말 대단한 여성이다. 직장에 다니면서, 아이를 키우면서 새로운 것에 도전한다는 것은 큰 모험이 필요했을 것이다. 도전에 수반되는 경제적, 시간적 문제의 벽에 부딪혀 분명 중도에 포기했을 수도 있었다. 하지만 그녀는 내가 생각했던 것과는 달리 너무도 당당하게 그녀 자신을 위한 꿈을 이루었다. 자신의 꿈을 가족에게 저당 잡히지 않고, 오히려 가족들이 그녀의 꿈에 저당 잡힐 정도의 도전과 성과였다.

앞에서 언급한 SBS에서 방영된 「결혼의 여신」을 다시 한 번 이야기해보자. 나는 그 모습을 보고 우리네 워킹맘들의 현주소라 생각하며, 많이 공감했다. 지금 기억에 남는 한 장면이 떠오른다. 피나는 노력 끝에 상무까지 승진한 송지선은 뉴욕에서 해외 연수를 받을 수 있는 기회를 얻었다. 아주 좋은 기회이기에 놓치고 싶지 않았던 그녀는 시부모님과 가족들에게 조심스레 말을 꺼냈다.

"저 뉴욕으로 일 년 동안 해외 연수 가면 어떨까요?"

그녀 말끝에 남편과 시어머니는 눈이 동그래져 이구동성으로 이렇게 소리친다.

"너! 미쳤니?"

"내 아들은 어떻게 하고, 내 손자들은 어떻게 하고 어딜 간다고? 뭐? 뉴욕?"

"엄마, 왜 그래! 엄마 어디 아파?"

"여보, 미친 거 아니야?"

시부모님과 남편을 비롯한 온 가족들은 엄마가 무슨 해외 연수를 가냐는 어이없는 표정으로 그녀를 만류한다. 예상은 했지만, 실망하지 않을 수 없었다. 그녀는 속상한 마음에 아파트 놀이터에 혼자 나와 자신의 처지를 비관하는 말을 동서에게 늘어놓는다. 나는 그녀의 한 맺힌 연기에 놀랐고, 그녀의 대사에 많이 공감했다.

"25년 동안 앞만 보고 달려왔고, 직장에서 승진하기 위해 해본 일 안 해본 일 없이 그렇게 힘들게 뛰어왔어. 지 새끼들 키우고 먹여 살리느라고 날 위해 투자해 본 것은 하나도 없는데, 정작 내가 해외 연수 한 번 간다고 말을 하자마자 다들 나보다 미쳤냐고 하네. 그래 내가 미친년이지. 시부모에 남편에 애새끼들 두고 해외로 고작 일 년 갔다 오고 싶다고 생각한 내가 미친년이지. 나는 그저 지네들 꿈 이루기 위해, 지네들 편하기 위해 있는 존재일 뿐이었어. 동서 내가 미친년이야."

엄마는 당연히 가족을 위해 가족의 곁에 있어야 하고, 가족을 1순위로 생각해야 한다는 생각은 다 마찬가지다. 나도 우리 엄마에 대해 그렇게 생각했고, 불과 일 년 전까지만 해도 나 역시 그런 엄마가 되겠다고 결심했다. 나 때문에 가족이 행복해지고, 아이들이 좋은 직업을 갖게 되고, 남편이 승진을 하게 된다면 그걸로 족하다고 생각했다. 그런데 그렇게 목매고 있던 아이들이 성장해서 직업을 갖고 결혼을 하면, 남편이 승진을 한 후에는 난 이룬 일이 하나도 없을 것 같았다. 사람들은 이 말에 "왜 이룬 것이 없나요? 자녀들이 그리고 남편이 이만큼 성장했으면 행복하지 않나요?" 라고 반문할 수 있다. 하지만 그것은 자식들과 남편을 위해 그들이 이루도록 도운 것이지 나를 위해 이룬 것은 아니지 않은가? 나이가 들었을 때, 나를 위해 이루어 놓은 어떤 한 가지도 없다는 것을 알았을 때 내가 느끼는 공허함은 이루 말할 수 없이 클 것이라는 생각이 퍼뜩 뇌리를 스쳤다. 물론 자식과 남편보다 자신을 0순위로 설정해 두고 자신만을 위해 노력한다면 분명 "미친년"이라는 소리를 들을 수도 있다. 하지만 "미친년"이라는 소리를 들을 정도로 가족의 꿈이 아닌 자신의 꿈을 위해 도전하고 노력하는 엄마가 아름다울 수 있다는 것을 잊지 말아야 한다.

지금이라도 가족의 꿈에 저당 잡힌 네 꿈을 꺼내오길 바란다. 그리고 이제는 더 이상 가족의 꿈에 네 꿈을 다시 저당 잡히지 마라. 아이들의 꿈이 네 꿈이 아니라는 것을 꼭 기억해야 한다. 나는 오늘도 내 꿈을 가족의 꿈보다 더 우선순위로 두고 실행하고 도전한다.

나도 꿈꿀 수 있는 사람이기에.

5. 가족은 내 삶의 조력자이자 원동력이다

많은 여성이 사회에서 성장하지 못하는 첫 번째 이유가 가족이라고 한다. 모든 것을 가족 기준에 맞춰야 하고, 가족의 꿈을 위해 살아가야 하기 때문이다. 하지만 여성들은 이 시점에서 다시 생각해봐야 할 것이 있다. 가족을 위해 살라고, 가족을 위해 네 꿈을 포기하라고 누가 시켰는지 말이다. 그럼 더 이상 가족이 그 첫 번째 이유였다고 말할 수 있는 사람은 없을 것이다. 바로 여성 자신 스스로 했기 때문이다. 어떤 일을 시작하려 할 때, 무엇인가를 선택하려 할 때, 늘 여성들은 가족의 기준에서 벗어나지 못한다는 단점이 있다. '엄마'는 양보하고, 배려하고, 희생한다는 모성본능을 가지고 있기에 하루아침에 바꿀 수 없는 것이 현실이다. 나 역시 그 사실을 인정한다. 그리고 불과 몇 개월 전까지만 해도 가족 때문에, 아이들 때문에 포기하고 도전조차 하지 못했다.

"여보, 나 강사 되고 싶었던 거 알지? 나 서울에 있는 학원에 다닐까 하는데. 그때 말했잖아. 토요일마다 가야 하는데 근무 조정하면 안 될까?"

"강사? 그걸 꼭 해야 해? 애들은 누가 돌보냐, 내가 만날 근무를 바꿀 수도 없고. 돈도 돈이지만 우리 상황이 이런데."

"그때는 해준다고 했잖아. 내가 진짜 한다고 할지 몰랐다는 표정이다? 나 강사 하고 싶다고."

서른다섯에 시작된 나의 새로운 꿈은 동기부여 강사다. 워낙에 말하는 것을 좋아하고 할 말 못할 말 다 하는 성격이라 나에게 잘 맞을 것 같았다. 그래서 학원을 나가기로 했는데, 내가 살고 있는 철원에서 서울까지 일주일에 한 번 가는 일이 만만치 않았다. 쉽게 결정하지 못할 일이었는데, 나는 하겠다고 결심했다. 아이들과 남편의 눈치를 보지 않을 작정이었다. 그런데 남편의 비협조적인 반응과 갑자기 알게 된 시아버지의 암 진단으로 나는 그렇게 꿈을 잠시 미뤄야 했다. 하지만 여건이 되지 않는다는 이유로 포기할 수 없었기에 다른 경로를 찾아보았다. 그렇게 시작된 내 꿈을 위한 한 걸음은 바로 책을 쓰는 것이었다. 먼 나라 다른 세계에 나 있을 법한 작가라는 꿈을 내가 꾸게 될 줄을 35년을 살면서 상상도 하지 못했다. 작가로서 내가 하고 싶은 얘기들을 책으로 알리고 싶었고 내 이야기를 전하는 세상의 메신저가 되겠다고 결심했다. 바로 강사가 되는 길을 택하지는 못했지만, 과정 중의 하나인 작가가 되기 위해 또 한 번 나의 꿈을 가족에게 선포했다.

"서울에서 학원 다니는 것은 마음 접었어. 그래, 아버지도 그렇고 또 아이들도 마땅히 맡길 곳이 없으니 마음이 안 편할 것 같아. 그럼 나 책 쓸게. 책 쓰고 싶어. 책 써서 내 이야기를 널리 알리고 싶어."

"책? 책을 쓴다고? 너 책도 많이 안 읽잖아. 책은 뭐 아무나 쓰냐? 그건 뭐 네가 하고 싶은 대로 해. 그러다 말겠지 뭐."

"알았어. 방해나 하지 말라고. 그리고 애들아! 엄마는 밤에 책을 써야 하니까 너희 엄마 방해하면 안 된다. 이제 많이 컸으니까 너희가 할 수 있는 것은 스스로 해!"

그렇게 나의 꿈을 향한 여정은 작가라는 것으로 시작되었다. 사실 나도 막막했다. 책이라는 것을 어떻게 써야 할지 방법도 몰랐고, 또 내 이야기를 어떻게 풀어야 할지 답답하기만 했다. 하지만 글 쓰기에 필요한 책을 읽으며, 제일 중요한 내 경험담과 여러 스토리를 엮어나가기 시작했다. 그렇게 시작된 나의 작가 수업은

Chapter 3

지금까지 이렇게 쭉 이어나가고 있다. 그리고 워킹맘으로서 아이들을 키우며 미안했던 이야기들을 공동 저자로 참여해 책을 냈고, 그 열정으로 나의 직업 경찰관을 여러 사람에게 알릴 수 있는 책도 순식간에 집필하게 되었다. 그리고 지금 이렇게 나의 세 번째 저서이자, 나의 꿈을 위해 꼭 필요한 여성 리더십에 관한 책을 집필하고 있다. 처음 시작했을 때, 금방 시들어 버릴 거로 생각했다는 남편은 내가 책내는 모습을 보고 태도가 180도 바뀌기 시작했다. 글을 쓸 수 있는 환경을 만들어 주었고, 책장과 책상을 새로 놔주었다. 내가 책을 쓴다고 하면, 아이들 신경 쓰지 말고 집중해서 하라며 아이들을 돌봐 주었다. 글을 쓰는 데 필요한 책을 구입하는 데도 보통 돈이 들어가는 게 아니었다. 그런데도 남편은 나의 꿈을 적극적으로 지원해 주었다. 아이들은 엄마가 책을 읽고, 글을 쓰는 것을 보고 자신들도 책을 읽고 글을 쓰겠다며 옆에서 제목을 정하고 목차를 정한다.

"엄마 책 언제 나와?"

"왜? 빨리 나왔으면 좋겠어?"

"응, 자랑할 곳이 너무 많아. 줄 사람도 너무 많고."

남편과 아이들은 내가 하는 일을 믿어주고 지원해준다. 가족이 내가 성장하는 데 지원군이 되었고 원동력이 된 셈이다.

얼마 전, 나를 포함한 여자 셋이 모여 자신의 모습을 한탄하며 대화를 한 적이 있다. 물론 일부러 그런 자리를 만든 것은 아니었으나, 여자들이 모이면 늘 가족 이야기가 나오지 않은가? 그중 나를 제외한 두 여성의 이야기를 해보겠다. 두 명 중 A라는 여성은 올해 마흔이 되었다. 결혼한 지 벌써 17년째 되었고, 큰 아이가 벌써 17살이다. 어린 나이에 결혼해서 갖은 아이들을 키우기 위해 자신을 위해 뭔가를 해보겠다는 생각을 단 한 번도 하지 못했다고 했다. 그냥 남편이 벌어다 준 월급을 가지고 집에서 살림하며 아이들을 돌보는 것이 삶의 낙이라고 생각하는 여성이다. 그런 그녀는 자신을 위해 제대로 된 투자도 하지 못했고 앞으로도 하지 못하리라는 것을 나에게 말했다. 그래서 내 입장에서는 이해가 되지 않아 궁금한 표정으로 묻는 말에 그녀의 답을 듣고 가슴을 두드리지 않을 수 없었다.

"하고 싶은 거 있지 않아요? 그래도 결혼 전부터 되고 싶었다거나 결혼하고 나서도 하고 싶었던 것이 있었을 텐데, 형부가 월급도 많이 벌어온다면서요. 그럼 이제 아이들도 많이 컸으니까 하고 싶은 거 하고 사세요. 언니 솔직히 인생 뭐 있나요? 아이들만 바라보다 남편만 바라보다 시댁에만 헌신하다 언니 인생 이렇게 져버리면 아깝잖아요. 난 그렇게 생각해요. 태어난 이상 돈이 있든 없든 하고 싶은 일 하나는 하고 살아야 한다고. 엄마들은 뭐 죄지었나요?"

"에이, 그래도 어떻게 그래? 남편이 잘되고 아이들이 잘되면 좋은 거지. 솔직히 하고 싶은 게 있어도 그렇게 되면 아이들을 돌볼 사람이 없잖아. 집에서 누가 도와주겠어. 내가 하지 않으면 말이야. 아이들도 남편도 내가 자기들 비서 역할 해주는 것을 좋아해. 상미 씨는 그럴지 몰라도 난 그렇게 살 수 없어. 가족 때문에."

대화를 이어가던 중 옆에서 듣던 B는 오히려 내가 이상하다는 시선으로 A의 주장에 더 거들기 시작했다.

"그렇지. 우리가 할 줄 아는 게 뭐가 있겠어? 쓸데없이 뭐 한다고 돈만 들였다가 돈도 못 모아. 결혼을 안 했으면 모를까 결혼해서 아이들이 있고 남편이 있는데 어떻게 밖에서 뭘 할 수 있겠어. 나중에 아이들이 나에게 보답해 주겠지."

과연 그녀들은 정말 가족 때문에 아무것도 할 수 없었을까? 가족이라는 굴레가 그녀들이 사회에서 성장하지 못하도록 돌돌 말아 버린 걸까? 나도 같은 여자고, 가족이 있는 처지지만, 나는 적어도 일찍 포기하지는 않았다. 언젠가는 뭔가 해보겠다며 내가 할 수 있고 하고 싶은 일을 가슴 속에 계속 묻고 살았다. 그리고 늘 생각했던 가족이라는 걸림돌을 내가 성장할 수 있는 지원군과 원동력으로 만들었다. 가만히 있다고 가족들이 알아주는 것은 아니다. 가만히 있다고 가족들이 엄마가 사회에 나가서 뭘 하고 싶은지 저절로 아는 것이 아니다. 물론 세상 여성들의 관점이 모두 다르고 가치관이 다르겠지만, 여성도 사회에서 뭔가를 할 수 있는 능력을 가지고 태어난 인재다. 단지 그 재능과 열정을 스스로 포기하고 알리지 않은 것뿐이다. 나는 그녀들에게 가족이 문제가 아닌 자신에게 문제가 있는 것은 아닌지 물어보고 싶었다. 하지만 그녀들의 상처에 소금을 뿌려 더 아프게 하고 싶지 않아 그냥 멈췄다.

여성은 결혼을 하면 모두 엄마라는 존재로 살고, 가족의 울타리 안에서 산다. 물론 그들을 위해 희생하고 배려하며 살아간다. 틀린 말은 아니다. 그게 바로 엄마의 모성본능이기에 부인할 수 없다. 하지만 언제까지 사회에 진출하기 위한 자기계발 노력을 하지 못하는 이유를 가족 때문이라고 탓할 것인가. 간절히 하고 싶고, 해야 할 일이 찾아오면 가족들에게 두려워하지 말고 뻔뻔하게 선포해야 한다. 그러면 누군가 마술을 부린 것처럼 걸림돌이 되었던 가족들이 내가 성장할 수 있도록 도와주는 원동력으로 변할 것이다.

혼자서 하려고 하지 마라. 언제나 내 편인 가족의 도움을 받을 수록 성장 속도가 배로 빨라질 것이다.

6. 남편에게 네 육아 방식을 강요하지 마라

가사와 육아는 분명 여자의 전유물이 아니다. 하지만 결혼과 동시에 가사와 육아는 세트로 여자의 것이 되고 만다. 당연히 여자니까 해야 하는 일이며, 애를 낳았으니까 키워야 하는 것으로 생각한다. 그래서 남자들은 집안일과 육아 일을 도와주면, 늘 생색내기 마련이다. "내가 특별히 해 주는 거다." "이거 내가 도와줄게" 하며, 으스댄다.

뻔뻔하게 요구하고 화끈하게 들이대라

낳기만 한다고 다 아빠가 되는 건 아니다

남자들은 낳기만 하면 저절로 아빠가 되는 것으로 알고 있다. 자신들의 힘으로 아이들이 태어났고, 아이들을 태어나기 위한 수단으로 사용되었으니 이제 할 일은 다 했다는 반응이다. 육아는 딴 세상 여자들의 전유물이라는 말도 안 되는 착각을 하고 있다.

'그럼 여자는 뭐 날 때부터 엄마로 태어나나?' 대답은 아니다. 물론 여자는 아이를 낳으면 엄마가 되고, 엄마가 되어 비로소 육아라는 것을 배우게 된다. 여자라고 무조건 육아를 다 잘할 수는 없다. 모든 일이 마찬가지겠지만, 학습을 통해 터득하는 것이다. 하지만 현실은 어떤가? 육아에 서툴거나 등한시하면 한순간에 모진 엄마, 자격 없는 엄마라는 질책을 받는다. 이런 이유로 아이를 놓고 회식을 가야 한다거나 교육을 가야 하는 경우에 나 자신도 모르게 아이부터 생각하게 된다.

나는 12년 차 직장 생활을 하고 있다. 그중 대한민국 워킹맘을 산 것은 7년이다. 나는 7년 동안 직장에서 실시하는 교육 중 1박 이상의 교육을 가 본 적이 없다. 아침에 갔다가 저녁에 오는 교육조차도 아이의 사정을 생각하며 포기하기 일쑤였다. 그런데 그런 내가 1박 이상의 교육을 간다는 것은 대단한 모험이었다.

"나 교육 가야 하는데."

"어디로? 언제?"

"아산으로, 1박 2일"

"그럼 애들은?"

"근무시간을 좀 조정하면 안 될까?"

"알았어. 내가 알아서 할 테니까 갔다 와."

"고마워! 그리고 미안해!"

1박 2일의 교육을 가기 위해 나는 남편에게 허락을 받아야 했다. 그리고 나도 모르게 아이들을 맡기고 가는 것에 대해 미안함을 느끼고 있었다. 지금 생각해보면, 같은 부모로서 같이 육아 분담을 하는 게 맞는 것 같은데 내가 왜 미안해했는지 이해가 되지 않는다. 하지만 내가 또다시 1박 이상의 교육을 가려 하면 똑같은 과정을 통해서만 갈 수 있을 것이다. 이게 대한민국 워킹맘들의 현주소다. 어렵게 아이들과 떨어진 후에는 어떤가? 마음이 편한가? 아니나 다를까. 남편에게 맡기고 온 아이들 걱정에 몸 둘 바를 모른다. 하지만 더 이상 걱정할 필요 없다. 남자도 아이를 잘 키울 수 있기 때문이다. 오히려 여자보다 더 나을 수도 있다. 남자가 낳지 않았으니 아이를 키우지 못한다는 것은 심각한 오산이다. 그것은 남자들이 자신들의 행동을 합리화시키기 위해 만들어 낸 잘못된 생각이다. 남자들 역시 자신들이 육아를 해 낼 수 있으리라 생각하지만, 그게 귀찮고 하기 싫은 것뿐이다. 결혼을 했고 아이를 낳았으니 엄마인 여자가 육아를 해결하는 것이 맞다고 생각하는

뻔뻔하게 오구하니 화끈하게 틈이대라

것이다. 그래서 그들은 안 하는 게 아니라 못 한다고 생각하는 것이다. 어쩌다 한 번 해주기라도 하면, 어깨가 하늘까지 올라가기도 한다.

아빠의 육아는 아이들에게 좋은 영향을 미친다. 그래서인지 요즘에는 아빠들의 육아도 유행하고 있다. 그 사실을 입증이라도 해주듯이 '프렌디^{frienddy(친구friend와 아빠daddy)의 합성어}'로 친구 같은 아빠라는 뜻의 신조어가 생겨났다. 문화센터에 출근하는 아빠들이 늘었으며, 아빠의 육아 일기를 실은 아빠의 육아 일기 블로그도 유행을 타고 있다. TV 예능 프로그램에서는 「아빠, 어디가」, 「슈퍼맨이 돌아왔다」 등에서 아빠의 육아 방법이 소개되기도 한다. 지금의 유행을 의식이라도 한 듯이 시청률 또한 증가하고 있다.

과거에는 이런 아빠의 모습은 찾아보기 힘들었다. 아침에 일찍 출근하고, 밤에 늦게 돌아오고, 쉬는 날이면 방에서 잠만 자던 모습이 우리네 아빠였다. 하지만 최근에는 아빠의 육아가 화두에 오르고 있다. 이런 추세에 남성 근로자의 육아휴직 신청자도 전년도에 비해 27.6%가 증가했다는 사실을 고용노동부는 밝히고 있다. 이는 남자들의 육아가 딴 세상 이야기가 아니라는 것을 여실히 보여주는 것이다.

남편의 육아 방식에 잔소리 하지 마라

내 남편은 비교적 아이들을 잘 돌본다. 내가 일 때문에 또는 회식을 위해 늦게 퇴근하는 날이면 아이들을 전담하는 일은 남편이 한다. 물론 주위에 일가친척 하나 없기에 다른 곳에 부탁할 수도 없는 노릇이라 할 수 없이 한다고 할 수 있다. 하지만 7년 동안의 아빠 역할은 아이들에게 엄마 역할까지 할 수 있는 능력을 키울 수 있게 되었다.

"애들 밥 먹었어? 뭐 먹었어? 지금 뭐 해?"

"밥 먹었어. 지금 잘 놀아. 애들 그냥 라면 먹었는데?"

"그래? 라면 잘 먹지? 좋아했겠는데? 엄마는 그런 거 안 해주는데 아빠는 해주니까 얼마나 좋겠어. 잘했어. 그러니깐 애들이 아빠를 좋아하는 거야."

"뭐, 라면 하나 가지고 애들이 좋아하겠어? 그래도 엄마가 해주는 밥이 좋지."

"아니야. 애들도 라면도 먹어 봐야 해. 어차피 나중에 크면 먹을 건데 뭐."

"알았어. 애들 걱정하지 말고, 천천히 와!"

남편은 나를 대신해서 아이들에게 엄마 역할을 해줘야 할 때, 많은 걱정을 한다고 했다. 애들에게 뭘 해서 먹여야 할지, 어딜 데리고 가서 놀아줘야 할지 걱정이 이만저만이 아니라고 했다. 내가 며칠 전부터 스케줄을 알려주면 남편은 그때부터 걱정을 하기 시작한다. 그만큼 여자에게도 그렇지만, 남자들한테는 큰 스트레스라 해도 과언이 아니다. 남편은 뭘 먹여야 할지 며칠을 고민하지만, 라면을 먹이고, 어딜 데려가야 할지 고민했지만, 마트에 데리고 가서 쓸데없는 장난감을 사주기도 한다. 아이들에게 좋은 반찬을 해서 먹였으면 좋겠고, 마트에서 장난감 대신 밖에 나가 뛰어놀거나 집에서 공부를 봐줬으면 하는 바람이 있는 것은 사실이다. 하지만 난 남편의 그런 행동에 대해 절대 타박하지 않는다. 왜 몸에도 안 좋은 라면을 먹였는지, 왜 많고 많은 장난감을 사줬는지 따지지도 않는다. 만약 내가 타박이라도 하면 남편은 더 이상 아이들을 돌보지 않으려고 하기 때문이다.

　내가 근무하는 곳은 경찰관서다. 남자들의 비율이 몇십 배로 높은 조직이다. 나는 이곳에서 일하면서 남자들의 심리를 많이 알 수 있었다. 어느 날 어떤 직원이 전화를 끊자마자 툴툴거리면서 불만을 토로했다.

　"그렇게 못마땅하면 지가 하던가. 애들 옷 빨아놓으라 해서 빨았더니 이상하게 널었다고 투덜거리네요. 그냥 말리면 다 똑같은데 그걸 꼭 탁탁 털어서 말려야 해요? 어제는 애들한테 과자 많이 먹였다고 타박하더니 오늘은 빨래 탁탁 털어서 안 말렸다고 타박이네요. 그럴 거면 자기가 하면 되잖아요. 왜 나한테 시켜서 해도 욕먹고. 진짜 짜증 나요. 그렇게 못마땅하면 뭐하러 나한

Chapter 3

테 시키는 건지. 대체 여자들은 왜 그래요? 원래 그래요? 반장님도 그래요?"

그는 아내의 부탁으로 아이들을 돌보고 빨래까지 해두고 출근했다. 솔직히 하기 싫은 일이지만, 아내가 일하니 같이 하지 않을 수 없는 노릇이었다. 그런데 아내는 사사건건 남편의 행동에 타박을 한다. 아내 기준에 맞지 않는 육아 방식이 마음에 들지 않은 것이다. 여성 남성을 떠나 모든 사람은 자신이 할 수 있는 능력과 바라보는 관점이 다르다. 이것은 여성이라고 해서 잘하는 것도 아니며, 남성이라고 해서 못 하는 것도 아니다. 단지 서로 관점이 다르다는 것이다. 그런데 육아를 주도하는 것이 여성이라는 이유로 일부 여성들은 남편도 자신의 육아 방식을 따라 줄 것을 요구한다. 그 요구에 부응하지 못하면 관심 없다며, 얼렁뚱땅한다고 괜한 타박을 한다.

모든 사람은 자신 행동에 타박을 하거나 불평을 하면 당연히 더 이상 하고 싶어 하지 않는다. 해도 욕먹고 안 해도 욕먹는 것을 굳이 힘들게 하면서까지 욕을 먹기 싫은 것이다.

진정으로 남편이 육아에 적극적으로 동참하는 것을 원한다면, 남편의 육아 방식에 내 육아 방식을 강요하지 말아야 한다. 자꾸 옆에서 참견하고 이래라저래라 명령하면 남편은 할 마음이 발끝까지 뚝 떨어지고 말 것이다. 꼭 엄마의 육아 방식이 정석이라는 생각을 버리고 남편의 육아 방식을 답답하지만, 참고 먼발치에서

뻔뻔하게 요구하고 화끈하게 들이대라

봐 줘야 한다. 그리고 늘 남편을 격려해주고, 아빠 덕분에 아이들이 행복해 한다는 것을 꼭 인식시켜줘야 한다. 그래야 남편이 진정한 육아 파트너가 될 수 있다.

7. 남편의 자존심을 하늘 끝까지 올려줘라

얼마 전 나는 누군가에게 재미있는 이야기를 들었다. 내가 들어도 어이가 상실되는 일인데 당사자의 입장은 오죽했을지 보지 않아도 뻔했다.

같은 직종 공무원으로 근무하는 부부가 있었는데, 그 둘 사무실은 1분이면 왕복이 가능한 거리였다. 그만큼 아주 가까웠다. 나역시 그 부부를 잘 알았는데, 그 남편과 함께 근무했던 남자로부터 그 부부에 대한 이야기를 들었다. 세상에 이런 아내는 없을 거라며 입에 거품을 물고 침을 튀어가며 흥분을 가라앉히지 못하고 말하기 시작했다.

"아니 A 알지? 그 와이프 B 알지? 야 그 B? 장난 아니더라. 그전부터 들었던 말이 있기는 했지만, 그 정도로 심한지는 몰랐어. 우리가 밥을 시켜 먹었는데 그 날은 밥값을 A가 내기로 한 날이었어. 그래서 밥을 시키고 얼마 시간이 지나지 않아 배달이 왔거든. 그런데 밥값을 내야 하는 A가 지갑은 안 열고 전화를 하는 거야. 그러더니 1분도 안 돼서 B가 사무실 문을 열고 들어오는 거지. 그리고 밥값을 내주고 나가는 거야. 남편 동료들 보는 앞에서 남편을 개망신시키더라고. 그래서 혹시 지갑을 두고 왔나 해서 A한테 물어봤는데 지갑을 두고 온 게 아니고, B가 용돈을 주지 않는다는 거야. 밥값은 자기가 와서 내 줄 테니 돈이 필요 없다면서 말이지. 우리는 그 말을 듣고 어이를 상실했어. 진짜 너무한 거 아니야? 남편을 발톱의 때만큼 생각 안 하나 봐. 그러면서 B는 몇십만 원짜리 파마를 하지 않나 지 몸에는 돈을 쳐바르면서 말이야. 어우. 상미야, 너는 안 그러지?"

내가 들어도 참 어이없는 이야기였다. 그녀는 남편의 자존심 같은 것은 돌보지 못하는 사람 같았다. 아무리 죽을 죄를 지었다 하더라도, 일하는 남편에게 그 정도의 돈은 자유롭게 쓸 수 있도록 해줘야 하는 거 아닌가?

여성이 사회에서 성장하기 위해서는 남편의 외조를 무시할 수 없다. 여성이 직장 때문에 돌보지 못한 아이들과 챙기지 못한 가사 일을 해줄 수 있는 사람은 남편밖에 없다. 이런 일을 아무 조건 없이 해주는 남편은 여성이 성장할 수 있도록 해주는 지원군이자 내 편인 것이다. 어디에서나 내 편은 있어야 한다. 편이 없으면 의지할 곳도, 누울 곳도 없기 때문이다. 남편의 역할이 얼마나 중요한지 알면서 남편을 나의 든든한 지원군으로 만들기 위해서는 아무런 대가가 필요 없다고 생각하는 것은 큰 오산이다. 그런데 안타깝게도 주위를 둘러보면, B처럼 남편을 대우해 주지 않고, 못마땅해 하는 여성들이 많음을 알 수 있다. 그 여성들은 남편의 기를 깎아내리는 일을 하기도 한다. 남편의 없는 장점을 만들어서라도 좋은 남편이라고 기를 살려줘도 모자랄 판에 여성들은 남편의 없는 단점까지 찾아가며 나쁜 남편이라고 기를 팍팍 죽이는 것이다. 그런 행동들은 내 얼굴에 침 뱉는 상황과 같아 나 스스로 못마땅한 사람이라며 말하는 것과 다르지 않다.

남자들은 의외로 단순한 존재다. 그래서 자신을 띄워주거나 기를 살려주면 그 대가로 아내에게 보상을 해주기 마련이다. 반대로 그렇지 못한다면, 아내가 하는 일에 사사건건 태클을 걸 것이다. 그게 남자다. 그래서 여성이 사회에서 리더로 성장할 수 있기 위해서는 남편의 기를 살려, 외조를 받는 것이 우선되어야 한다.

144

뻔뻔하게 요구하고 화끈하게 들이대라

남편에게 21세기형 내조로 보답해라

여성이 남편의 외조로 직장에서 성공할 수 있게 된다면, 남편 역시 아내의 내조로 직장에서 인정받는 사람이 될 수 있어야 한다. 실제로 남자들에게 아내의 내조가 직장에서의 성공으로 연결된다는 사실을 모르는 이는 없을 것이다. 남편에게 내조하라고 하면 일부 여성들은 이렇게 물어본다.

"어떻게 하는 게 내조를 잘하는 건가요?"

"한다고 하는데 남편은 별로 안 좋아하던데요?"

"아이들 돌보기도 힘든데 남편까지 신경 써야 하나요?"

남성들은 의외로 말 한마디, 눈물 한 방울에 약한 법이다. 그래서 남자의 마음을 눈물 한 방울로 움직이려는 여자들이 주위에 많다. 사회에서 남편은 제대로 된 대접을 받지 못하고 그저 돈만 벌어오는 기계로 생각하는 가정에서와 다르다. 직장에서는 능력을 인정받는 동료, 상사로 인정받는다. 가정에서는 그저 그런 남편일지 모르지만, 밖에서는 인기 있는 대단한 남자라는 사실을 아내들은 알지 못하는 경우가 많다.

그렇다면 남편에게 내조는 어떤 의미일까? 남편에게 내조라는 것은 그들의 자존심과 마찬가지다. 그렇다면 그들에게 필요한 내조는 어떤 것인가? 집안에서 남편을 위해 밥을 하고, 청소를 하고, 아이들을 돌보며 남편이 밖에서 돈을 많이 벌어오도록 하는 내조는 구시대적인 내조다. 21세기형 내조는 항상 자신이 쓸모 있고 늘 아내에게 필요한 존재라고 인식시키는 것, 그것이 21세기형 내조다. 남자들은 이런 21세기 형 내조를 원할것이다.

남편은 나이 들수록 자신은 쓸모없는 존재며, 점점 할 수 있는 것이 없어진다고 생각한다. 아내와의 거리도 멀어지며, 같은 취미 활동도 함께 못하는 것이 당연한 일이 되어 버린다. 또한, 연애 시절에 같이 했던 운동이나 여행 또한 결혼 생활이 오래될수록 권태기를 맞이한다. 이런 남편들에게 무작정 밥만 잘 해주고, 집안 살림을 도맡아 준다고 남편에게 제대로 된 내조를 했다고 할 수 있을까? 남편은 그런 내조가 아닌 자신의 존재감을 알 수 있게 해주는 자신감을 갖게 해주는 내조를 원한다는 것이다. 예를 들면, 남편의 직장 생활에서의 불평불만에 동감해 주고 같이 화를 낼 수 있는 아내, 그리고 연애 시절처럼 맛있는 밥을 먹으러 가거나 여행을 가줄 수 있는 아내의 행동이 바로 남편의 자존감을 세워주는 내조인 것이다. 그리고 항상 남편에게 자신감을 느끼게 해 줄 수 있는 말 한마디만 있으면 남편은 그것으로 만족할 수 있을 것이다.

남편의 자존감을 세워주는 아내의 내조는 남편이 직장에서 인정받고, 성장할 수 있게 해줄 뿐만 아니라, 여성이 스스로 사회에서 성장할 수 있는 버팀목이 되어줄 것이다.

뻔뻔하게 요구하고 화끈하게 들이대라

남편의 지갑을 수시로 확인해라

남자의 자존감을 세워주는 일, 아내의 내조 외에 또 무엇이 있을까? 바로 남편 어깨에 힘을 줄 수 있게 해주는 경제력이다. 남자들은 수중에 돈이 없으면, 왠지 모르게 어깨가 축 처지게 마련이다. 그래서 앞서 언급한 A는 늘 어깨가 축 처져 있었다. 수중에 돈이 없으니 먼저 밥을 먹으러 가자는 말도 하지 못했고, 술 한잔 하러 나가자는 말도 하지 못했다. 여자와 달리 남자들은 자신이 최고라는 자신감 하나로 사는 폼생폼사를 추구하는 동물이기에 경제력 또한 무시할 수 없는 자존심이다. 내가 직장 생활 12년 동안 느꼈던 게 있다. 남자들은 아내 몰래 비상금 통장을 만드는 일에 온갖 아이디어를 만들어 낸다는 거다.

"어떻게 하면, 몰래 비상금을 만들지?"

"뭐라고 하고 돈을 달라고 할까?"

"마누라가 알면 큰일인데?"

남자들은 옹기종기 모여 시시하지만 재미있는 이런 이야기를 자주한다. 멀리서 보면 최근 경제 사정이나 정치 얘기를 하는 것 같지만, 가까이서 들어보면 대화거리도 되지 않는 얘기들로 칼로리를 소모하고 있다. 내가 근무하고 있는 곳은 남자들이 대부분인 직장이라 남자들의 그런 얘기들은 이제 남의 나라 먼 얘기가 아니라는 것을 깨달았다. 남자들의 시시한 대화 속에서 적어도 내 남

147

편만은 저 무리 속에서 최고가 되었으면 하는 바람이 생겨나기 시작했다.

"한 달에 이것밖에 안 되는 용돈으로 담배 사면 끝이야."

"술 마시고 싶어도 술 사 먹을 돈도 없네. 누가 나 술 좀 사줘."

"야! 모여! 어제 먹었던 술값 뿜빠이 해야지!"

"어제는 마누라가 생일인데 선물 안 사줬다고 삐쳤어. 아니 용돈을 줘야 선물을 사지."

남자들의 대화는 점점 생산성 없는 이야기들로 채워지기 시작했다. 내 주위 남자 직원들은 지갑에 돈 천 원짜리 한 장 없이 다니는 사람들이 부지기수다. 그래서 어느 누가 먼저 뭘 먹으러 가자거나, 끝나고 회식을 하러 가자고 말하는 사람이 없다. 먼저 말하는 사람이 돈을 내야 하기 때문이다. 그런 남자들의 모습에서 자신감이라고는 찾아볼 수 없었다. 돈을 내야 하는 일이 생길까봐 불안해하는 모습만 보일 뿐이다.

남자들은 적으나 많으나 월급을 받아오는 사람들이다. 처자식을 위해서 생계를 책임지는 가장으로서 밖에서나 안에서나 인정받기 원하는 사람들이다. 적어도 돈을 벌어오는 가장의 지갑에는 천 원짜리 한 장만 딸랑 들어가는 일은 없어야 한다고 생각한다. 그나마 지갑에 있는 신용카드는 주유용으로만 사용해야 한다는 것이 더 비극적이다. 죽으라고 밖에서 돈 벌어오는 남자들에게 돌아가는 보상은 딸랑 천 원. 이걸로 남자의 자존심은 하늘로 솟기

뻔뻔하게 요구하고 화끈하게 들이대라

는커녕 땅으로 추락할 것이 틀림없다. 그래서 나는 남편에게 일정한 용돈과 카드를 사용하게 한다. 적어도 밖에서 돈이 없어 망설이는 모습을 보여 주기 싫고, 축 처져 있는 어깨를 보기 싫어서다. 내 남자의 자존심을 하늘 끝까지 솟지는 못해도 남들보다 어깨에 힘이 더 들어가 있을 정도로는 해주고 싶었다. 물론 경제적으로 힘들 때도 있으나, 남편은 알아서 조절해서 사용하는 방법을 터득했다. 그리고 남편에게 투자하는 돈을 아낀다고 아주 큰 목돈이 마련되는 것이 아니었다. 그리고 돈이 모이면 나갈 구석이 있기 마련이다. 남편이 어디에 돈을 사용하는지, 무얼 샀는지는 나에게 중요하지 않다. 다만 나는 남편의 지갑을 수시로 살피며, 체크카드에 현금을 입금시켜 놓을 뿐이다. 그리고 내가 직장에서 인정받고 리더로 성장할 수 있도록 남편에게 도움을 청하고 당당히 요구한다.

여성이 사회에서 성장하는 데는 남편의 도움이 절실하다. 그러니 남편의 외조를 앉아서만 요구해서는 안 된다. 여성이 남편에게 제대로 된 내조와 남편 기 살리기를 위한 행동이 먼저 선행되어야 한다. 그래야 제대로 된 남편의 조력을 바탕으로 리더가 될 수 있기 때문이다.

자, 지금 가장 먼저 해야 할 일은 남편의 지갑을 살피고, 체크카드에 현금을 채워놓는 일이다. 설마 남편의 지갑이 없는 것은 아닌가?

8. 돈 버는 며느리는 점수를 배로 벌 수 있다

직장여성 대부분이 시댁과의 갈등을 가지고 있다는 것을 모르는 사람이 없을 것이다. 여성의 사회 진출에 걸림돌 중 하나가 바로 시댁과의 갈등이다. 특히 시어머니라는 존재는 여성 리더 창출에 상당한 걸림돌로 작용하고 있다. 그녀들 역시 여성이며, 며느리들이 이루고자 하는 일을 이루지 못한 당사자로서 도움을 줘도 모자를 판에 사사건건 며느리 일에 참견하기 바쁘다. 자신의 딸은

뻔뻔하게 요구하고 화끈하게 들이대라

대한민국에서 여성 리더로 성장하기를 바라면서, 며느리는 집에서 자신의 아들과 손자들을 돌봐주길 원하는 모순점을 가지고 있다. 하지만 시어머니라는 존재는 생각보다 돈에 약한 면이 있다. 어느 누가 돈을 싫어하겠냐고 하지만, 그녀들은 돈 잘 쓰는 며느리를 좋아한다.

　나는 결혼 후 직장 생활이 지금 만 7년이 되었다. 결혼해서 명절과 부모님 생신, 어버이날에만 시댁에 방문한다. 각종 제사나 행사에는 시간이 맞지 않으면 거의 참석을 하지 못하는 날이 더 많다. 시어머니는 그런 나의 사정을 이해해 주셨다. 다른 것도 아니고 일 때문에 어쩔 수 없다는 것을 잘 아시는 모양이다. 나는 한편으로 죄송하기도 하지만, 그런 어머니가 고맙다. 그래서 그에 대한 대가를 용돈이나 선물로 지불한다. 매달 보내드리는 얼마 안 되는 용돈과 가끔씩 사드리는 옷 한 벌이면 제사 때 참석하지 못한 죄는 이미 물거품으로 없어지기 마련이다. 사람은 원래 어떤 것에 대한 보상을 원하고 좋아한다. 내가 그 사람에게 이만큼을 줬으면, 당연히 더 많은 양의 무언가가 올 것이라는 기대감을 가지고 있는 것이다. 그래서 어머니는 필요한 것이 있으면 나에게 직접 요구하기도 하며, 보상받기를 원하기도 한다. 그러면서 돈 잘 벌고 돈 잘 쓰는 며느리를 동네방네 자랑하고 다니는 걸 낙으로 생각한다. 여성 리더가 되는 데 걸림돌 중에 하나인 고부갈등은 돈 버는 며느리임을 인식시키는 데서 해결해 나갈 수 있다.

남편보다 잘 되는 며느리?

처음부터 시어머니와 나의 관계가 돈독했던 것은 아니다. 물론 돈 잘 쓰는 며느리가 되어 더 돈독해질 수 있었던 것은 사실이지만, 내가 한 발짝 지고 들어가면 고부 갈등은 없어질 수 있다는 것을 깨달았다. 사실 처음에는 어머니를 이해할 수 없었다. 나와는 전혀 다른 생각을 하며 살고 계시는 분이라고 느꼈기 때문이다. 처음 인사갔던 날을 추억해보겠다.

나는 결혼 전 지금의 남편과 함께 시댁으로 처음 인사를 갔다. 처음이라 떨리기도 했고 긴장되는 마음이 없었다면 거짓말이었다. 처음 방으로 들어서는데 지금의 어머니가 긴 머리를 묶으시고 앉아 계셨다. 그 연세에 그렇게 긴 머리를 하고 계신 분은 흔치 않았다. 아들이 집에 와서인지, 며느리 될 처자를 위해서인지 상다리가 부러지도록 음식을 장만하고 계셨다. 나는 약간 기죽은 듯 인사를 하였고, 거실에 들어가 앉았다. 그때부터 어머니의 질문 공세는 시작되었다.

"학교 다닐 때 공부를 그렇게 잘했다며?"

"우리 아들보다 더 선배라며?"

"유학인가 뭔가 그것도 갔다 왔다며?"

"아버지가 공무원이셨다며?"

"점쟁이가 똑똑하다고 하던데?"

뻔뻔하게 요구하고 화끈하게 들이대라

갑작스러운 질문 공세에 나는 정신이 없었다. 그런데 가만히 생각해보니 모든 질문이 당신의 아들과 비교하는 질문이었다. 며느리가 될 내가 아들보다 더 잘났다고 생각했는지 탐탁지 않게 나에게 질문을 했다. 마치 내가 당신 아들의 앞길을 막는 여자가 될 것이라는 생각을 가지고 있었던 것 같았다.

그날 잊을 수 없는 일이 있었다. 내가 식사 후 과일을 깎았는데 나 혼자 싱크대에 서서 과일 심지를 긁어먹게 되었다. 그런 모습을 보고 어머니는 여자는 그렇게 해도 된다고 말씀하시며,

"여자가 남자보다 더 앞장서서 나가면 안 된다. 아무리 잘 나고 똑똑해도 여자는 여자다"라는 말을 덧붙이셨다. 무슨 조선 시대도 아니고 며느리가 똑똑하면 좋지 그럼 멍청한 게 더 좋다는 건가? 나는 더 이상 아무 말도 할 수 없었다.

대부분의 기혼 여성들은 이런 경험을 할 것이다. 대단히 잘 나고 똑똑한 여자라 할지라고 시댁에서는 그냥 남편보다 좀 못난 며느리였으면 하는 것이 시어머니들의 생각이다. 사사건건 남편을 이겨 먹어서도 안 되고, 시댁을 괄시해도 안 되는 할 수 없는 며느리 말이다.

대한민국에서 이러한 생각을 가지고 있는 시어머니들이 있는데 어떻게 여성 리더가 탄생할 수 있을지 의문이 들었다. 외부 장벽이 높은 것은 어쩔 수 없다. 하지만 내부 장벽이 높은 것은 분명

개선이 가능한 일이었다. 일단 내 성장에 방해되는 걸림돌인 고부 갈등을 해결하는 일이 급선무라 생각했다.

아들의 경제적 부담감을 함께 짊어지는 돈 버는 며느리

아들이 돈을 벌기 위해 고생하는 것이 가장 마음 아프다는 어머니는 아들 셋을 키우는 데 목숨을 걸었다고 해도 과언이 아니다. 옛날 우리네 엄마들은 남편의 사랑 대신에 자식들의 사랑을 받고 지냈다. 그리고 자신의 꿈보다 자식들의 꿈을 이루는 것을 자신의 꿈이라고 생각했다. 지금도 그렇지만, 우리네 엄마들은 목숨보다 소중한 것이 자식들이라고 마치 공식처럼 알고 있었다. 그런 어머니의 마음을 먼저 이해하기로 했고, 남편의 애기를 같이 나누며 친해지기로 했다. 내가 직장 생활을 하면서 성공하기 위해서는 시댁, 그중에서도 어머니의 도움이 절실히 필요했기 때문이다. 아니 도움까지는 바라지 않았고, 방해가 되지 않았으면 했다. 당신의 아들이 한집안의 가장으로서 처자식을 위해 돈을 버는 것은 어쩔 수 없는 일이지만, 마음이 아프다고 생각하는 분이었다. 그런데 같이 돈을 벌고 있는 며느리가 가사와 육아, 직장 일까지 하는 것에 대해서는 안타깝게 생각하지 않았다. 오히려 당신의 아들에게 끼니를 제때 못 챙겨 줄까 봐 걱정하는 눈치가 더 크셨다.

하루는 시댁에 갔는데 남편이 소파에 누워 잠을 자고 있었다.

뻔뻔하게 요구하고 화끈하게 들이대라

그리고 나는 종일 음식을 만들고 설거지하고 치우는 일을 했고, 허리를 제대로 펼 수 없었다. 물론 내가 좋아서 하는 것은 아니었지만, 적어도 시댁에서 며느리 역할도 제대로 하고 싶었던 마음이었다. 그렇게 누워서 자는 남편이 왠지 얄미웠다. 나도 힘든데, 그래서 눕고 싶은데, 남편은 혼자서 코를 골며 자고 있던 모습을 보고 화가 치밀어 올랐다. 그런데 그때 어머니가 남편에게 이불을 덮어주면서 "얼마나 피곤하겠어. 많이 자!" 하며, 안타까워하셨다. 나는 어머니의 그 모습을 보고 치밀어 올랐던 화를 토할 수밖에 없었다.

"엄마! 나도 일하는 사람이에요. 나도 피곤해요. 나는 일주일을 계속 일하고, 애들 돌보고, 그리고 쉬어야 하는 주말에 여기에서 이렇게 일하고 있어요. 그리고 나는 내일 또 출근해야 해요. 하루도 못 쉬어요! 나는 안 불쌍해요? 나도 돈 버는 자식인데?"

당신 아들만 고생한다고 생각하는 어머니에게 나는 불평을 늘어놓았다. 꼭 하고 싶었던 말이었지만, 쉽게 할 수 없었던 말이었다. 그런데 그렇게 토해내고 나니 속이 다 후련했다. 어머니는 그런 나를 보고 처음에 당황해 하시더니,

"그래. 엄마가 생각이 짧았다. 미안하다."

이렇게 대답했고, 그때 그 계기로 나는 일은 일대로 하면서 식구들을 내조해야 하는 엄마가 아닌 가정의 경제를 위해 몸을 받쳐 일하는 커리어 우먼으로 여겨지기 시작했다.

직장에서 일을 하고, 리더가 되기 위해 노력했다. 그리고 그 대가로 돈도 받는다. 돈을 벌어 가정 경제에 보탬이 되고, 어머니께 돈 잘 버는 며느리, 돈 잘 쓰는 며느리가 되었다. 시어머니는 이제 내 직장 생활의 든든한 후원자가 되었다. 더 이상의 걸림돌이 아니다.

여성이 사회에서 인정받기 위해 걷어차야 할 걸림돌이 무한하다. 하지만 외적 장벽은 쉽게 허물지 못한다 할지라도 내적 장벽은 충분히 개선시킬 수 있는 것이다. 나는 더 이상 살림을 잘 돌보지 못하는 며느리가 아니다. 남편의 경제적 부담감을 함께 짊어지는 돈 버는 며느리다. 돈 버는 며느리는 점수도 배로 벌 수 있다는 것을 이용해라.

뻔뻔하게 오구하고 화끈하게 들이대라

9. 엄마가 행복해야 아이도 행복하다

　여성 리더로 성공하기 위해 꼭 필요한 것은 가족들의 조력과 배려다. 그중 아이들은 엄마가 리더로 성공하기 위해 꼭 해결해야 할 아픈 손가락이다. 여성이 리더로 성장하기 어려운 원인 중의 하나며, 또 리더로 성장할 수 있도록 도와주는 든든한 백그라운드다.

　어떤 부모들은 이렇게 말한다.

Chapter 3

"아이가 행복해야 엄마가 행복하다."

하지만 나는 이 말에 동의하지 않는다. 아이의 행복 전에 엄마가 행복해야 비로소 아이가 행복할 수 있다고 믿는다. 엄마의 행복이 담보되지 않은 아이의 행복은 금방 깨질 수 있기 때문이다. 아이의 행복을 위해 엄마가 불행해 질 수 있으며, 그 행복을 지키기 위해 엄마의 희생은 당연히 감수해야 한다고 생각한다.

행복은 전염성이 강하다. 즐겁고 행복한 사람들 틈 속에 있으면 저절로 행복해진다. 하지만 우울하고 짜증을 내는 사람들 틈 속에 있으면 저절로 우울해진다. 이처럼 행복은 함께 있는 사람들의 기분까지도 좌지우지할 수 있는 대단한 존재다. 그래서 아이의 행복은 여성이 사회에서 리더로 성장할 수 있도록 도와주는 조력자의 역할을 톡톡히 해낼 수 있다. 아이가 불행한 것을 알면서도 리더로 성장하기 위해 아이의 행복을 포기할 엄마는 이 세상 어디에도 없을 것이다.

나도 엄마지만, 엄마는 아이들의 행복을 위해 자신들의 희생을 감수하려고 한다. "내가 좀 참고 말지. 나 혼자만 희생하면 되는데. 그러면 내 아이가 저렇게 행복할 수 있는데"라며, 실제로 이렇게 생각하고 행동하면 저절로 아이가 행복해지는 것으로 생각한다. 하지만 나는 그 생각에 철저히 반박하고 싶다. 엄마가 행복하지 않은 아이의 행복은 의미가 없다고 말이다. 행복은 누구의 희생으로 만들어지는 것이 아니기 때문이다.

뻔뻔하게 요구하고 화끈하게 들이대라

그래서 나는 내 행복을 위해서 가끔 아이들의 눈물을 참아야 했다. 내가 1박 이상의 교육을 가거나, 주말에 학원에 가야 할 때는 아이들의 눈물을 뒤로한 채 참아냈다. 아이들이 눈에 밟혔다. 엄마가 자신들을 두고 멀리 간다는 것에 불안해하는 아이들의 얼굴이 안 봐도 훤했다. 하지만 나는 내 행복을 위해 발걸음을 옮겨야 했다. 엄마가 잘 돌봐주지 못해 머리를 산발하고 어린이집 가는 내 아이들을 생각하면 가슴이 아려왔다. 하지만 내가 먼저 행복해진다면, 내 아이들 역시 행복해지리라 여겼다. 미안하게도 내 아이들은 한시도 떨어지지 않는 엄마보다 가끔 엄마의 빈자리를 느끼게 해주는 엄마인 나를 보고 늘 행복해한다. 엄마의 모습이 멋지다며, 엄지손가락을 나에게 들어 보여준다.

159

엄마의 일터를 보여줘라

아이들은 엄마가 왜 행복해 하고 싶고, 어떤 일을 하면서 리더로 성장할 수 있는지 궁금해한다. 다른 엄마들처럼 집에서 간식을 만들어 주고, 같이 숙제도 봐주는 그런 엄마가 아닌 것은 이미 다 알고 있다. 그래서인지 엄마가 어떤 일을 하며 행복해하는지, 자신들이 어떻게 도울 수 있는지 몹시 궁금해한다.

저녁 6시 정각이 되면, 내 사무실 앞으로 들어오는 노란 버스 한 대가 있다. 그 노란 버스 안에는 내 아이들도 타고 있다. 아이들은 2년 전부터 내 사무실로 하원 한다. 나의 직업은 경찰관이다. 그래서 아이들은 매일 경찰서를 방문하는 방문객이 되어버렸다. 처음에는 마냥 신기하게 쳐다보다가 시간이 지난 지금은 자기네들 놀이방인 것처럼 여긴다. 잘도 돌아다니는 모습을 보니 아이는 아이다. 경찰차를 구경하는가 하면, 사무실에 있는 무전기도 신기하게 바라본다. 아침마다 경찰 제복을 입고 출근하는 엄마는 하나도 신기하지 않은데, 이상하게도 경찰서에 있는 경찰 아저씨들은 마냥 신기해한다. 그러면서 아이들은 쉬지 않고 떠들어댄다.

"엄마! 이게 뭐야?"

"아저씨! 이거 어떻게 하는 거예요?"

"우와! 경찰차다. 경찰차!"

엄마 일터에 직접 찾아와보니 엄마가 하는 일에 더 관심을 갖는다. 말로만 듣던 수갑도 있고, 아저씨들은 권총도 차고 있고, 여기저기 신기한 놀 거리들이 사방에 늘어져 있기 때문이다.

"아! 엄마는 이런 일을 하는 거구나. 나는 몰랐네. 엄마가 일을 잘하나 보구나. 여기 상도 있네. 표창장. 하하하"

항상 집에서 밥을 해주고, 청소를 하는 엄마의 모습만 봐왔다. 그런데 엄마의 사무실에서 엄마가 어떻게 일하는지 알게 된 아이는 엄마를 무척 자랑스러워했다. 내가 직원들에게 큰 소리로 지시하는 모습을 보고 아이들은 엄마가 대단한 사람이라고 생각했던 것 같다.

뻔뻔하게 요구하고 한큰하게 들이대라

아이들은 엄마라는 존재가 늘 자신들을 위해 희생하는 사람이라고만 생각한다. 나 역시 그랬다. 하지만 그 의식은 여성이 사회에서 리더로 성장할 수 없는 걸림돌 중에 하나라고 해도 과언이 아니다. 그래서 아이들에게 내가 일하고 있는 일터를 보여주고, 엄마가 어떤 일을 하는지에 대해 알려주는 것도 아이가 행복해질 수 있는 하나의 방법이 될 수 있다. 그리고 엄마라는 존재가 사회에서 성장할 수 있도록 해주는 원동력이 될 수 있을 것이다.

그러니 지금 당장 아이들을 당신의 일터로 초대해라.

아이에게 엄마의 자신감을 보여줘라

'여자는 약하지만, 엄마는 강하다'는 말이 있다. 엄마이기 전에 여자였지만, 엄마가 된 이후에는 강한 사람이 된다는 의미다. 하지만 우리 사회에서는 엄마는 늘 약하고, 소외당하는 사람으로 여겨지고 있다. 감정적이며, 결단력이 없고, 약한 존재이지만 가족을 위해서라면 물불 안 가리는 강한 사람이 엄마라고 말이다. 아이들은 나를 강하고 멋진 엄마로 여기고 있는 것 같다. 나의 일터로 찾아와서, 내가 하는 일을 지켜본 아이들은 엄마인 나를 친구들에게 자랑스럽게 말하곤 한다.

"야! 우리 엄마는 경찰관이야. 수갑도 있고, 총도 있어!"

"우와! 좋겠다. 네 엄마는 진짜 멋지겠는데?"

"우리 엄마는 나쁜 사람들을 막 혼내기도 해!"

"진짜? 엄마가 경찰이라서 좋겠다."

"그렇게 나쁜 행동 하면, 우리 엄마가 잡아 간다 했어. 하지 마!"

"네 엄마 정말 경찰 맞아? 진짜지?"

아이들은 엄마가 일할 때, 그리고 자신들이 하지 못하는 일을 도와줄 때, 엄마가 멋진 엄마라고 생각한다. 엄마는 늘 잘하는 사람이고, 자신감이 철철 넘치는 사람이라고 여기는 것이다. 그래서 일하는 엄마들은 아이들에게 엄마가 어떤 일을 하는지, 사회에서 얼마만큼 인정받고 사는지 알려줄 필요가 있다.

162

아이들 앞에서는 늘 뭐든지 잘하는 엄마가 되어야 한다. 그리고 일을 하거나 성과를 이루어 즐겁고 기쁘다는 표현을 자주 해야 한다. 그러면 아이들에게도 그런 기운이 전염되어 아이도 늘 행복하기 마련이다. 엄마가 짜증 내면, 아이도 짜증 낸다. 엄마가 부정적이면, 아이도 부정적이다. 엄마가 소극적인 성향이면, 아이도 소극적이다. 아이들의 1차 멘토는 엄마이기 때문이다.

엄마가 행복해야 아이도 행복해진다. 그리고 아이들은 긍정적이며, 늘 적극적이다. 그래서 엄마가 행복해질 수 있게 도와주는 역할을 한다. 아이들의 행복을 바탕으로 엄마는 사회에서 성장할 수 있는 기반을 닦을 수 있다. 여성 리더로 성공할 수 있는 가장 큰 힘, 바로 가족이다. 가족 중에서도 가장 큰 힘을 주는 아이들은 내가 성장할 수 있는 가장 큰 원동력이 되어줄 것이다.

지금 당장 아이들에게 행복한 모습을 보여줘라. 일 때문에 짜증 난다고, 힘들다고 불평하지 말고, 행복한 엄마 모습을 아이에게도 전염시켜줘야 한다.

엄마가 행복해야 아이도 행복하니까.

Chapter 3

10. 완벽주의에서 벗어나. 슈퍼우먼은 없어

간혹 내가 일하는 경찰서에 엄마가 어린 초등학생의 손을 잡고 들어올 때가 있다. 저 멀리 땅만 쳐다보며 아이의 손을 잡고 터벅터벅 걸어 들어오는 엄마의 모습을 보면 한눈에 무슨 일로 오는지 알 수 있다. 그만큼 자주 있는 일이다. 그 아이는 분명 무슨 잘못을 저질렀을 것이다. 그리고 엄마는 버릇을 고쳐보기 위해 아이를 경찰서로 데리고 온다. 한 번 혼이 나 봐야 절대 그러지 않을 것이

뻔뻔하게 양수하고 화끈하게 들이대라

라는 착각을 하고 말이다.

"우리 아들이 8살인데 친구 물건을 훔쳐왔어요. 수갑 채워서 감옥에 가둬주세요."

"엉엉, 엄마 안 그럴게요. 아저씨 안 그럴게요. 한 번만 용서해 주세요"

한 번 혼을 내주기 위해 연극을 하는 엄마의 모습에 아들은 겁에 질려 두 손을 싹싹 빌고 눈물 콧물이 범벅이다.

"어머니, 아직 어린아이입니다. 지금은 이렇게 혼을 내고 겁을 줄 게 아니라 이해시키고 교육을 시켜야 할 나이입니다."

"제가 우리 아들을 어떻게 키웠는지 아세요? 제 아들이 이런 짓을 한다는 것은 정말 창피한 일이에요. 버릇을 고쳐야 해요."

대부분의 엄마들은 모두 이렇게 말한다.

"우리 아이를 어떻게 키웠는지 아세요? 아쉬움 없이 최선을 다해 키운 아이입니다."

나도 두 아이의 엄마지만, 이 말에 심히 공감하는 바다. 모든 부모는 자신들의 아이를 완벽하게 키우기 위해 노력한다. 그렇기에 아이들에게 거는 기대가 더 큰지도 모른다. 자신들이 가지고 있는 완벽주의 콤플렉스가 늘 아이들에게 거는 기대와 비례할 수밖에 없는 이유다.

나에게 두 살 터울의 두 아이가 있다. 내가 스물여덟에 첫 아이

임신을 했을 때, 직장에서는 내가 분명 금방이라도 출산 휴가와 육아 휴직을 낼 것으로 예상했다. 그렇지 않아도 없는 직원 수에 남의 업무까지 떠맡을까 봐 걱정하는 남자 직원들의 표정을 말하지 않아도 그렇다고 표현하고 있었다. 그 표정과 걱정이 나 스스로도 싫어서 나는 육아휴직을 내지 않았다. 오로지 출산휴가만이 아이와 함께할 수 있는 온전한 시간이었다. 임신 중에도 단 한 번도 지각이나 무단결근은 하지 않았고, 부른 배를 자랑이나 하듯이 내밀고 다니며 운전도 척척 잘했다. 사실 나의 임신 초기는 최악이었다. 내 큰 아이에게 너무 미안한 말이지만, 임신에 대한 기쁨과 축복은 한순간에 사라지고 입덧이라는 악몽 속에서 하루하루를 버텨야 했다. 먹으면 바로 뱉어내야 했고, 쪼그리고 앉아 노란 위액을 내 눈으로 확인해야 했다. 하루에도 열두 번 이상 입덧으로 인한 고통은 나를 너무 힘들게 했다. 그냥 맹물도 잘 먹지 못했고 그런 과정을 겪으며 임신 4개월이 되었을 때, 내 체중은 6kg이 빠졌다. 남들은 입덧 때문에 쉰다는데 나는 더 오기를 부려 계속해서 출근했다. 출근해서도 집에서와 마찬가지로 먹으면 토하고 쪼그리고 앉아 입 닦는 일을 반복했다. 구역질을 너무 많이 해서 힘이 복부 아래로 가해지자 어느 순간 아이가 나오지 않을까 걱정하기도 했었다. 그 생각이 맞았을까? 임신 16주가 되던 날, 나는 급하게 산부인과에 입원을 하게 되었다. 바로 조산 증상이 있어서였다. 나의 염려대로 그런 것인지는 알 수 없었지만, 아이가 벌써 나

뻔뻔하게 요구하니 환끈하게 들이대라

오려고 신호를 보내고 있었다. 응급조치와 입원치료로 다행히 아이를 지켜낼 수 있었다. 하지만 그런 과정이 모두 나의 욕심 때문일 수 있다는 것을 비로소 알게 되었다. 결혼을 하고 임신을 했어도 직장에서 필요 없는 여자라고 욕을 듣고 싶지 않았다. 자기 일도 잘하면서 남한테 피해를 주지 않는다는 말을 듣고 싶어 내가 더 완벽해지고 싶어 더 오기로 버텨왔다는 것을 알았다. 분명 내가 과중한 업무와 입덧으로 인한 나빠진 건강 때문에 이렇게 되었다는 사실을 알면서도 나는 모든 면에서 완벽해지고 싶다는 욕심 때문에 또다시 일터로 돌아와야 했다. 배 속의 아기가 잘 커 주기만을 바라면서 직장에서는 아무렇지도 않다는 듯이 생활하는 것이 전부였다. 엄마의 충실치 못한 행동에도 다행히 아이를 건강하게 낳을 수 있었다. 독하디독한 나는 아이가 태어난 날까지 일하고 그날 밤 첫 아이를 낳았다. 누가 알아주지도 않은 내 고집과 열정은 모두 내 완벽주의 콤플렉스에서 만들어진 것이었다.

아이를 낳은 후에도 모유 수유를 하기 위해 피나는 노력을 했다. 모유의 양이 많지 않아 한두 시간 만에 한 번씩 깨어 젖을 달라는 아이에게 밤새 젖을 물리다 밤을 지새운 적이 한두 번이 아니었다. 인내심의 한계를 느끼며 그만두고 싶었지만, 직장에 다니는 엄마이기에 더 미안한 마음에 더 해주고 싶었다. 젖이 잘 돈다는 돼지 족에 미역국에 가물치에 먹지 않은 것이 없었다. 하지만 아무 효과도 보지 못했다. 그냥 모자란 대로 모유를 먹이고 그만큼 분유를 먹여 커 가는 아이의 배를 채웠다. 출산휴가가 끝난 후부터 아이가 첫돌이 될 때까지 직장에 다니면서도 아이에게 모유 수유를 했다. 이유는 하나였다. 온종일 엄마 품에 있어야 할 아이가, 그것도 백일 밖에 되지도 않은 아이가 남의 손에서 엄마 손으로 왔다 갔다를 반복하며 지내는 것에 대한 보상이었다.

둘째 아이도 첫째 아이처럼 똑같은 증상의 입덧이 있었지만, 똑같이 일했고 둘째 역시 출산휴가를 끝으로 아이를 남의 손에 맡겼다. 어떤 사람들은 어린아이들을 남한테 맡기고 일하니 너무 나대는 거 아니냐고 말했던 사람들도 있었다. 하지만 나는 내가 내일을 갖고 아이들에게 당당한 엄마의 모습을 보여주는 것이 더 가치 있는 일이라고 생각했었다. 그래서 직장과 육아를 병행하며 더 완벽해지고 싶었는지도 모른다.

지금은 큰 아이가 8살이 되었다. 벌써 초등학생이 되어 이제는 내 말에 또박또박 말대답하는 당찬 숙녀가 되었다. 8년 동안 두 아이를 키우면서 참으로 많이 힘들었다. 여성으로 직장 생활을 하며, 낙오되고 싶지 않았기 때문이다. '여자는 어쩔 수 없어. 같이 일하면 손해다'는 말을 듣고 싶지 않았다. 일도 하고 아이도 잘 키우고 남편 내조도 잘하는 여자라고 자부하며 살고 싶었다. 그런데 이런 생각 자체가 나에게 큰 스트레스가 되었다. 겉으로 보이는 상처는 없었지만 내 내면은 이미 상처투성이였다. 완벽하게 보이기 위해 태웠던 속이 이제는 잿더미가 된 듯했다. 아무도 알아

뻔뻔하게 오구하ㄴ 화끈하게 통이대라

주지도 않은 행동들 때문에 내 자신이 많이 아팠다는 것을 이제야 알게 된 것이다. 나뿐만 아니라 직장 생활을 하는 그리고 직장 생활을 하지 않아도 가사와 육아에 혼신을 다하는 여성들은 이미 상처투성이일 것이다. 아이가 생각대로 되지 않으면 더 잘하기 위해 이것저것 찾아보고 고치려 하는 과정에서, 그리고 직장에 다니면서 '애 엄마는 안돼!'라는 말을 듣지 않기 위해 직장과 아이들에게 쏟았던 열정에서 이미 엄마는 아픈 사람인 것이다.

　우리는 아픈 아이를 보거나 다친 아이를 보면, 안쓰럽다가도 그 부모를 보게 되는 경우가 있다. 어떻게 했으면 아이가 이렇게 아프고 이렇게 다쳤나 하며 무의식으로 부모를 보게 된다. 하지만 우리가 착각하고 있는 한 가지 사실이 있다. 바로 그 부모는 그 아이보다 더 아프고 상처를 받았다는 사실이다.

　모든 사람은 완벽하고 싶다. 더군다나 여성이라는 존재는 더욱더 그렇다. 대한민국이라는 나라에서 여성으로 살고, 여성으로 일하고, 일하는 엄마로 산다는 것은 여성 스스로 더욱더 완벽주의 콤플렉스를 더 요구하는 것인지도 모른다. 하지만 이제 그 완벽주의 콤플렉스에서 벗어날 시기가 되었다. 누구도 알아주지도 인정해주지도 않은 콤플렉스, 아이도 아프지만, 그 엄마가 더 아플 수밖에 없는 콤플렉스에서 이제는 벗어나야 한다. 여성이 사회에서 인정받고 더 재미있게 일하기 위해서는 완벽주의라는 높은 벽을 과감히 무너뜨려야 한다. 좀 빈틈이 있어도 좋다. 아이에게 좀 지저분해지라고 해도 좋다. 숙제 좀 빼먹고 가도 된다고 해도 좋다. 그 순간에 엄마는 좀 쉬어도 좋다.

세상에 완벽한 엄마는 없다. 그리고 완벽한 엄마라고 다 좋은 엄마는 아니다. 언제까지 슈퍼우먼이 되려고 스스로 상처를 줄 것인가?

뻔뻔하게 오구하ㄴ 화끈하게 튄이대라

11. 딸은 엄마가 롤모델이다

"엄마는 왜 일을 해? 다른 엄마들은 일 안 하잖아!"

올해 여덟 살이 된 딸이 나에게 갑자기 물었다.

"응? 왜 엄마도 일 안 했으면 좋겠어? 그냥 다른 엄마들처럼 집에 있었으면 좋겠어?"

"아니 그게 아니라 다른 친구들은 아빠만 일하는데 우리 집은 엄마도 일하잖아."

"딸, 아빠만 일해야 하는 거 아니야. 엄마들도 일 할 수 있어. 알았지?"

가끔 내 딸은 내가 일하는 것에 대해서 자꾸 꼬치꼬치 묻곤 한다. 아주 어렸을 때는 궁금하지 않더니 일곱 살이 되면서 자주 비슷한 질문을 하기 시작했다. '엄마가 왜 일을 해야 하는 건지. 왜 엄마는 집에서 간식을 만들어주는 사람이 아닌 건지.' 하며 어린 나이에 머릿속이 복잡했던 모양이다. 왜 유치원이나 학교에서는 그런 내용을 가르치지 않는지 모르겠다. 동화책이나 교과서에는 아빠가 퇴근하고 오는 모습, 엄마는 아빠가 오기 전에 저녁을 준비하는 모습이 그려져 있다. 뿐만 아니라 학교에서 돌아오는 자기 또래의 아이를 엄마가 마중 나오는 모습도 그려져 있다. 그러니 내 딸이 생각했을 때, 나는 불량 엄마였던 것이다. 아이에게 한없이 미안했다. 같은 여자라는 입장에서인지 내 딸도 언젠가 나처럼 엄마가 되고 워킹맘이 되어 힘들게 살아야 할지도 모른다는 생각에 더 그런 것 같다.

아직도 세 살 때의 기억이 잊혀지지 않는다. 우리 엄마는 내가 세 살 때부터 직장에 다니셨다. 그리 좋은 형편이 아니었던 삼십 삼 년 전, 우리 엄마는 여느 엄마들과 다르게 일을 했다. 물론 고급 인력은 아니었지만, 자식들 먹여 살리기 위해 그릇공장에 다니시며 밤낮으로 고생하여 돈을 버셨다. 엄마가 점심을 드시러 집에 오면 나는 엄마를 따라가겠다고 엄마 엉덩이를 졸졸 따라갔다. 울

뻔뻔하게 오구하ㄴ 화끈하게 틈이대가

며불며 엄마 따라가겠다고 고집 피우다 길거리에서 나뭇가지로 몇 대 얻어맞고서 집에 돌아가기도 했다. 그렇게 시작된 엄마의 직장 생활은 약 25년 정도 계속되었다. 나도 지금의 내 딸처럼 우리 엄마가 직장에 다닌다는 것이 싫었다. 학교 끝나고 집에 가면 엄마가 있었으면 좋겠다는 생각을 했다. 주말이면 가족들과 함께 여행도 가고 외식도 하고 싶었다. 여행과 외식은 못 하더라도 저녁에 같이 앉아 제대로 된 저녁 식사를 하고 싶었다. 하지만 엄마는 악착같이 돈을 벌기 위해 밤이고 낮이고 주말이고 일만 했다.

"엄마는 왜 만날 일만 할까? 그렇게 돈 모아서 뭐하려고 그러지? 나는 절대 나중에 결혼하면 엄마처럼 살지 않을 거야!"

점점 커 갈수록, 특히 사춘기가 되었을 때는 직장인으로서의 엄마가 더 이해되지 않았다. 그냥 우리를 위해서 힘들게 노력한다는 건 알지만, 일하느라 살갑게 대해주지 못하는 엄마가 이해되지 않았던 것 같다. 그래서 늘 나는 '엄마처럼 살지 않겠다'고 결심했다. 그런데 아이러니하게도 나는 엄마처럼 일하고 있다. 물론 일하는 엄마가 되어보니 그때의 엄마를 원망했던 것이 후회스럽기도 하다. 내가 닮고 싶지 않았던 엄마의 모습을 점점 닮아간다는 것을 생각하면 피식피식 웃음이 나오기도 한다.

내 딸도 그때의 나처럼 엄마인 나를 이해하지 못하고 원망하며 살지도 모른다. 일하는 엄마를 이해하지 못하고 말이다.

"엄마! 뭐해? 책 쓰는 거야?"

"응, 책 써. 왜?"

"나도 책 써야지. 엄마 이게 목차야?"

"응. 왜 우리 딸도 하시게요?"

"엄마, 이거 어때? 이 제목 좋지 않아? 이 목차 어때?"

"딸, 딸도 작가 할 거야? 엄마는 원래 경찰이잖아. 그런데 작가도 하는 건데?"

"응, 엄마 나는 서울대학교 의사 할 거야. 그리고 작가도 할 거야!"

"진짜? 우와! 그래 딸이 하고 싶은 거 하고 살아. 뭐든."

어느 날, 책을 쓰기 위해 목차를 만들고 있는 나를 보고 내 딸이 별안간 스케치북에 무언가를 적고 있었다. 그것은 바로 내가 했던 것처럼 번호를 매겨가며 적었던 목차를 따라 적는 것이었다. 물론 내 것과 똑같이 베껴 쓴 것이 아니고 자기가 나름대로 창작해서 만든 목차였다. 그리고 자기도 작가가 될 거라며 갖은 폼을 다 잡았다. 생각해보니 내 딸이 내가 하는 모습을 따라 하는 일이 종종 있는 것 같다. 부모는 아이의 거울이라는 말처럼 내가 책을 읽으면 따라서 책을 읽었다. 그리고 내가 책을 쓰면 자기도 따라 책을 쓰는 폼을 잡는다. 내가 컴퓨터 자판기를 두드리면 어느새 자판은 언제 배웠는지 자판기를 두드리며 엄마의 책 제목을 완성한다. 그래서 한 번은 내 딸에게 물었다.

"딸, 딸은 엄마가 하는 것을 많이 따라 하네. 엄마가 하는 게 재밌어? 좋아 보여?"

"응. 난 엄마가 하는 일이 다 좋아 보여. 그래서 나도 그렇게 하는 거야."

"근데 엄마가 일하는 것은 별로 안 좋지?"

"아닌데, 엄마 일하는 거 싫은 거 아닌데. 엄마는 멋진 경찰관이잖아."

"우와 엄마가 좋다는 말이네. 만날 혼내고 같이 못 놀아줘도?"

"엄마. 엄마는 나 안 좋아? 딸인데? 나는 우리 엄마니까 좋아."

내 딸에게 한 방 얻어 맞았다. 이유 없이 엄마니까 좋은 건데 엄마인 내가 쓸데없는 질문을 한다는 얼굴로 날 이상하게 쳐다봤다. 나도 실없는 웃음이 나왔다. 다행스러운 안도의 웃음인 것 같았다.

딸은 엄마를 롤모델로 생각한다. 엄마를 보며 커왔고 또 엄마의 행동을 옳은 일이라며 배우고 자란다. 당장에는 알지 못할 수도 있지만, 나중에 엄마가 되면 알 수 있는 사실이다. 내가 악착같이 일하며 아이들을 돌보고 책을 쓰며 남편을 내조하는 것은 모두 다 강인한 핏줄을 물려준 우리 엄마 덕분이라 생각한다. 엄마의 피가 내 몸에 흐르듯, 엄마의 행동 하나하나가 내 머릿속에, 가슴속에 새겨져 있다. 그래서 어떠한 상황이 펼쳐졌을 때, 어떻게 이겨내야 하는지 대처해야 하는지를 바로바로 끄집어낼 수 있는 것 같다. 힘들어도 흔들리지 않고 흔들려고 다시 굳게 설 수 있도록 해준 우리 엄마의 강하고 진한 모성 핏줄 말이다. 내 딸에게도 나는 그런 핏줄을 물려주고 싶다. 내 피는 이미 내 딸 몸속에 흐르고 있으니 앞으로 성장하면서 겪게 될 수많은 일을 잘 버텨낼 수 있도록 가슴속에 핏줄을 새겨주고 싶다.

"엄마, 나는 엄마처럼 일하는 엄마가 될 거야."

"정말? 딸도 엄마처럼 일 할 거야?"

"응, 나도 돈 벌어야지. 그래야 엄마, 아빠한테 비싼 옷 사주지."

"그래? 일하면 돈은 벌어도 힘들어. 그리고 엄마가 되면 너처럼 딸을 강하게 키워야 해."

"엄마, 강하게 크는 게 좋은 거야. 이 세상에서 약하게 크면 안 돼! 그리고 엄마도 일하면서 우리 다 키우고, 돈도 벌잖아. 할머니가 그랬어. 엄마가 돈 버니까 할머니 비싼 옷도 사준다고."

"그래 알았다. 꼭 엄마처럼 돈 버는 엄마 되기야!"

일하는 엄마라서 늘 미안해했던 내 딸에게 위로를 받는다. 그리고 그런 나를 가장 자랑스럽게 여기고 엄마처럼 되겠다고 말해주는 딸이다. 엄마처럼 사는 것이 가장 잘 사는 것으로 알고 있는 딸에게 최고의 롤모델이 되어야겠다는 생각이 든다. 내가 그랬듯이 엄마에게 힘이 되어주는 딸이 되리라고 믿는다. 나는 내 딸의 최고 롤모델이니까.

176

뻔뻔하게 요구하고 화끈하게 들이대라

12. 아이들에게 감성 근육과 자립심을 키워줘

　자식은 늘 부모 품에 있어야 안전하다고 생각한다. 물론 나 역시 그렇게 생각하고 지금도 틀렸다고 생각하지 않는다. 엄마인 내가 데리고 있고, 내가 시키는 일만 해야 더 잘 될 것 같은 생각은 모든 부모가 마찬가지다. 내 자식이니 내가 원하는 직업을 가졌으면 좋겠다고 생각한다. 내가 낳았으니 내가 시키는 일만 하고 부모인 나를 순종했으면 좋겠다고 생각한다. 모두 자식들을 위한 것이라 말하며 내 뜻을 따라주기만을 원한다. 하지만 여기서 생각해봐야 할 것이 있다. 과연 꼭두각시처럼 시키는 일만 하는 아이들에게 감성과 자립심을 어떻게 가르쳐야 하냐는 것이다. 감성과 자립심은 결코 가르칠 수 없기에 이 물음에 대한 답은 쉽게 할 수 없을 것이다.

현재 워킹맘인 35세 그녀는 요즘 너무 힘들다고 한다. 아이 둘을 키우는 그녀의 고민은 아이들이 스스로 하는 법을 모른다는 것이다. 어릴 때부터 엄마가 시키는 일만 했고, 입혀주는 옷만 입었던 아이들이다. 그래서인지 아이들이 초등학생이 되었는데도 시켜야 인사를 하고 시켜야 숙제를 한다고 한다. 그리고 지금도 옷을 입혀줘야 입는다고 한다. 덩치가 산만해져 다 큰 아이들이라 생각했는데 생각이나 행동이 어린아이 같다는 것이다. 직장에 다니느라 힘든 그녀는 자립심이 부족한 아이들로 인해 두 어깨가 더 무겁다고 한다.

사실 그녀의 아이들도 어렸을 때에는 스스로 해보겠다고 혼자 옷도 입어보고 혼자 씻어보기도 했다. 그러나 어린아이들의 어설픈 행동은 당연히 엄마 눈에 꽉 차지 않았을 것이다. 그래서 어차피 다시 해줘야 하는 번거로움을 없애기 위해 처음부터 엄마가 아이들을 씻기고 옷을 입혔다고 한다. 하지만 그런 행동이 습관이 되어 큰 아이가 10살인데도 스스로 할 수 있는 일이 아무것도 없다고 한다. 연필을 하나 사는데도, 과자를 하나 사는데도, 옷을 고르는데도 온통 엄마의 손길이 필요하게 되었다. 또한, 자립심이 부족하게 되자 당연히 마음을 움직이는 감성도 찾아보기 힘들게 되었다. 대체 그녀는 어떻게 고민을 해결해야 할 것인가?

요즘 한 자녀 가정이 많이 늘고 있다. 맞벌이가 늘어나고 사교육비의 부담으로 인해 둘 이상의 아이가 있는 집이 그리 많지 않다. 둘 있는 가정은 다행이고 한 자녀 가정이 더 많은 추세다. 사는게 팍팍해지니 아들이건 딸이건 한 명만 낳아 잘 기르자는 생각을 갖는 부모가 증가하고 있다. 그런데 나는 아이의 수가 중요한 게 아니라고 본다. 중요한 것은 아이들의 감성과 자립심을 길러줘야 한다는 사실이다.

내가 알고 있는 한 남자아이는 이제 11살이 되었다. 그 아이는 외동아들이다. 더불어 부모님이 맞벌이를 하기 때문에 혼자서 할머니 할아버지의 귀여움을 독차지하며 살았다. 그래서인지 그 아이는 양보와 배려라는 것을 알지 못한다. 누구에게 양보를 해 본적이 없고, 자기만을 위해 생각하고 행동했던 아이는 시간이 갈수록 이기주의적인 성향이 더 두드러지기 시작했다. 양보와 배려심이 없으니 당연히 마음으로 느끼는 감성도 그리 강해 보이지 않았다. 그 아이는 늘 자기 것을 먼저 챙기며, 자기보다 네 살 어린아이의 물건에도 욕심부리는 성향을 보이기도 했다. 아무 형제 없이 혼자이기에 모두 아이 위주로 판단해주고 결정해줬던 부모의 행동이 결국 이 아이를 이 지경으로 만들었다. 아이는 학교에서 따돌림을 당하고, 그로 인해 산만해진 탓인지 수업에 집중을 잘하지 못한다.

보통 다 그런 것은 아니지만, 같은 생활을 하는 구성원 중에 자신과의 경쟁 상대가 없으면 당연히 자기만을 생각하는 이기주의적인 성향을 많이 지닌다. 누구와도 나눠보지도 않고 자기가 원하는 것을 말하기도 전에 부모가 미리 해주기 때문이다. 그래서 어려운 것도 힘든 것도 겪어보지 못한다. 양보해야 할 상대도 없고, 나눠 줘야 할 상대로 없으니 인간에게 가장 중요한 요소인 감성과 자립심이 부족해지는 것은 당연한 일이다. 이렇게 처음부터 아이들을 위한다며, 또는 내가 귀찮으니, 하며 생각했던 행동들이 어떤 결과를 낳을까?

바로 엄마가 너무 힘들다는 것이다. 혼자서는 아무것도 할 수 없고, 점점 이기적으로 변해버리는 아이들로 엄마가 너무 힘들어진다. 특히 직장을 다니는 엄마들은 커 가면 커갈수록 엄마 손을 더 필요로 하는 아이들로 몸과 마음이 더 바빠지기 시작한다. 그로 인해 당연히 사회에서 제 능력을 발휘하는 데 어려움을 느끼기도 한다. 또한, 아이들은 자립심과 감성이 제대로 자리 잡지 않아 성장한 후 사회에 적응하는 게 쉽지 않을 수 있다. 그렇다면 아이들을 위해서 그리고 나를 위해 어떻게 해야 할까?

나는 아이 둘을 키우며 최대한 아이들의 의견을 많이 존중해줬다. 맞벌이로 시간을 때우기 위해 필요한 학원도 아이가 하고 싫어 하는 피아노 한 가지만 시키고 있다. TV에서 보면 하루에 몇 군데씩 학원에 뱅뱅 돌리는 모습이 보이곤 한다. 하지만 나는 아이가 하겠다고 한 것만 시켰다. 물론 처음에는 어린아이가 학원에서 끝나 혼자서 집에 있을 수 있을까 걱정했지만 여덟 살 내 딸은 영락없이 해내고 말았다. 내가 집에 도착할 때까지 집 앞에서 또는 '방방이' 게임장에서 '방방이'를 타며 나를 기다리고 있었다. 배가 고프면 혼자 슈퍼에 가서,

"이따 우리 엄마가 돈 준다고 했어요." 하며, 척척 외상을 하고 굶주린 배를 채우는 아이가 되었다. 일곱 살이 되었을 때는 혼자서 씻어 보겠다고 해서 혼자 씻게 했다. 그리고 혼자서 옷을 입겠다고 해서 혼자서 하게 했고, 단추도 거꾸로 채우던 하나를 빼먹고 채우던 혼자서 하게 했다. 그랬더니 점점 단추 채우는 실력도, 씻는 실력도 늘게 되었다. 여덟 살 내 딸은 학교에서 돌아오면 가방을 열어 숙제를 하고 알림장을 보고 준비물을 챙긴다. 엄마에게 보여줘야 할 가정통신문은 내가 잘 보는 곳에 놓아둔다. 뭐든 스스로 잘하는 아이다. 처음에는 잠옷이 어디가 앞인지 뒤인지 알지 못했던 아이가 상표가 있는 게 뒤임을 알게 되었다. 그리고 리본이 달린 부분이 앞이라는 사실도 혼자서 터득했다. 엉덩는 두 줄이 있다고 일러줬더니 척척 옷도 혼자서 잘도 입는다. 둘째는 이제 겨우 여섯 살인데 이 아이에게는 별다른 교육이 필요 없다. 왜냐하면, 누나가 하는 것을 보게 된 동생이 누나를 따라 하며 스스

로 배웠기 때문이다. 누나는 혼자 씻는데 자기는 왜 엄마가 씻겨주냐고 투정을 부리기도 한다. 둘째는 첫째 때문에 더 일찍 철이 들고 스스로 하는 법을 배울 수 있는 것 같다. 이제는 여덟 살밖에 되지 않는 내 딸이 동생을 아주 잘 챙긴다. 직장 때문에 부족한 엄마의 손길을 누나가 벌써 대신 채워주고 있다는 사실이다. 동생을 위해 양보하고 때로는 동생 때문에 울고, 누나를 위해 양보하며 또 누나 때문에 울며 두 아이는 따뜻한 감성도 이미 가지게 되었다.

아이들에게 한없는 사랑을 주는 것이 바로 부모의 역할이다. 하지만 하루 24시간 동안 아이들을 위해 손과 발이 되어주고 심지어는 머리까지 써준다면 엄마는 초주검이 될 것이다. 일도 해야 하고, 아이들도 돌봐야 하고, 가사에도 전념해야 하니 철인이 아니고서야 온전한 정신과 육체가 가능하겠는가? 이제는 과감히 아이들에 대한 간섭을 조금씩 놓아야 한다. 아이들을 돌보고 하나부터 열까지 신경 써준다면 그 순간에는 만족할지 모른다. 하지만 훗날 아이들의 미래와 엄마의 미래를 생각해 보았을 때는 결코 만족할만한 일이 아님을 알게 될 것이다.

아이들은 우리가 생각하는 것보다 더 잘할 수 있고, 더 현명하다. 더 똑똑하고, 더 따뜻한 감성을 가지고 있다. 그러니 아이들에게 감성 근육과 자립심을 키워주길 바란다. 그러면 엄마는 직장에서도 가정에서도 더 여유롭고 행복한 삶을 누릴 수 있을 것이다.

뻔뻔하게 일수하니 화끈하게 돌이대라

Chapter 4

일터에서는 여자가 아닌 리더다

1. 남자들과 통해라

남자들은 여자를 정말 무시하는 걸까?

"남자들은 정말 왜 그러는지 몰라요! 무슨 말만 하면 여직
원들을 무시하고, 회의할 때 의견 내면 그냥 묵살해버리고 정말
속상해요. 도무지 그들을 이해할 수 없어요. 회의가 무엇인가
요? 이미 결정된 사실을 통보하는 자리인가요? 그건 아니잖아

요. 그런데 자기들끼리 다 결정하고 여직원들이 꼬치꼬치 물으면 귀찮다는 듯이 그냥 따르라고 하네요. 시간이 많지 않다, 결과만 좋으면 된다, 그러면서요. 서로 좋은 결과를 얻자고 노력하자는 건데 회사에서는 여직원을 그저 순종적으로 따라와 주길 바라고, 복사만 해주는 사람으로 여기나 봐요. 여자들한테 지는 것도 싫어하고. 유치해서 같이 일하는 게 즐겁지가 않다니까요. 남자 직원들은 여자 직원들의 마음을 알까요?"

– 컨설팅 회사 근무 9년 차, M 씨, 34세

여성들이 직장에서 남성들과 가장 많은 갈등을 빚고 있는 이유 중의 하나다. 남성은 생물학적으로 그리고 사회의 습득으로 인해 지지 않으려 하고, 독단적인 성격이 강하다. 그래서 화합하고, 대화를 통한 해결을 중요시 여기는 여성들과 부딪히는 것은 당연한 일이다. 부딪힌 후 결과는 당연히 남성 직원의 독단적인 결정으로 끝나지만, 이럴수록 여성이 무시당한다는 느낌을 받게 된다.

M은 직장 9년 차에 접어든 베테랑이다. 업무에서나 인간관계에서나 직장에서 인정받는 직장인이다. 하지만 그녀의 가장 고민거리는 남자 직원들과의 대화 부족. 그리고 자신의 의견이 무시당한다는 생각이다. 자기 또한 주도적으로 일하고 싶고 리더로서 업무를 이끌어 가고 싶은 것은 당연하다. 하지만 상사들은 기한을

맞추지 못한다는 이유로, 쓸데없이 감성적으로 사람을 대한다는 이유로 일을 맡기지 않는다. 자신보다 입사도 늦고 리더십도 부족한 남성 직원에게 프로젝트를 맡기고, 인정해 준다는 것은 철저히 여자이기 때문에 당하는 차별이라 생각한다. 그렇다면 과연 남자들은 여자들을 정말로 무시하는 걸까?

서로의 다름을 인정해라

"네? 우리가 여자를 무시한다고요? 아니 왜요? 우리가 무시한다니요? 우리가 무시당하고 있는 것 같은데요. 여자들은 우리가 내놓은 결과를 늘 영혼 없는 결과라고 비아냥거립니다. 뭐 진정한 대화나 토론 없이 돌출되어 그랬다나? 아무튼, 여자들은 빠른 시간 안에 결과를 내지도 못하면서 말만 엄청나게 많다니까요. 그런데 우리가 여자들을 무시한다 했다고요? 우와 진짜 무시당하는 사람은 남자들이에요. 솔직히 남자들은 퇴근 후에도 계속 일해요. 상사들 술도 같이 해야 하고, 당구도 쳐야해요. 우린 뭐 그게 신나서 하는 줄 아세요? 그런데 여자들은요 그런 일들은 죄다 남자들 시키고 6시 땡 하면 사라져요. 프로젝트 맡고 업무 추진하는 거 솔직히 술사고 밥 사서 이루어낸 일이라고요. 그런 것도 모르면서 아니 알면서 무시하느니 마느니 정말 이해할 수 없네요. 우리도 여자들이랑 친해지고 싶다고요."

— 컨설팅회사 7년 차, J 씨, 남, 34세

뻔뻔하게 오우하노 화끈하게 들이대라

직장에서 남자와 여자가 함께 일하는 것 자체만으로 많은 문제와 갈등이 일어난다. 서로 다른 입장에서 같은 업무를 처리할 때는 더욱 그렇다. 컨설팅 회사에 다니는 남자 직원 J는 같은 회사 동료 M의 말을 듣고 크게 분노했다. 제시간에 딱딱 맞춰 일을 끝내지도 못하고, 그로 인해 회사에서 손해를 봐야 하는 일이 몇 번째인데도 진정 자신의 잘못이라는 것을 인정하지 못한다는 것이다. 자신이 늦어 잘못된 것이 아니고 남자 직원들의 화합되지 않은 결론을 내세우는 이유로 회사가 손해를 입었다는 주장이다. 생각 없이 결론 내리고 대책 없이 문제를 만들기만 한다고 늘 타박이고, 여자들끼리 모여 몇 시간을 회의하지만, 늘 결론은 없다는 것이다. 시간만 허비한다고 생각하고 있었다. 그러니 당연히 남자들은 자신들의 빠르고 정확한 업무가 회사에 더 필요하다고 생각한다. 그러면 진정 여자들이 남자를 무시하는 걸까? 남자들이 여자들을 무시하는 걸까? 서로가 무시하는 걸까?

187

『함께 일해요』의 저자 바바라 에니스는 『성별 이해 지능과 통합적 리더십』에 관한 저서를 통해 남녀의 조합이 개인적인 성공을 위해 가장 중요한 항목이라 말했다. 여기서 성별 이해 지능이란, 남자와 여자가 신체적·문화적 차원을 넘어 서로의 고유한 성질을 자각하는 걸 말한다.

우리 사회에서는 이 성별 이해지능을 알지 못하거나 그 사실을 부인하고 각자의 성질이 맞으며, 자신의 기준에서 다른 성을

Chapter 4

평가하려는 경우가 많다. 하지만 이 성별 이해지능을 자각하지 못한다면, 지금의 이런 문제가 몇백 년이 지나도 해결되지 않을 것이다. 이러한 성별 이해지능을 바탕으로 남자와 여자의 다름을 인정하고 이해할 수 있어야 한다.

여성은 섬세하고, 감성적이며, 일의 과정을 중요시 여긴다. 다른 사람들과의 의견도 수긍할 줄 알며, 상대방을 도우려고 한다. 결과보다 일의 과정을 중요시 여기지만, 대부분 회사는 과정보다 결과를 더 높이 평가한다. 그런 직장 속에서의 인식 때문에 여성들은 스스로 늘 소외된다고 생각한다. 여성들은 잦은 술자리보다 따뜻한 문자메시지를 이용해 사람들과 소통하려고 한다. 그리고 차나 와인 문화에 더 익숙하고 그런 과정에서 맺게 된 인연을 소중히 여기며, 그 인연을 통해 얻은 프로젝트나 일을 더 중요하게 여긴다. 이게 여자다.

반면에 남성은 섬세하지 못하고, 직관적이다. 일의 과정보다는 결과를 중요시한다. 늘 마감 시간에 쫓기고, 일의 과정에서 실수가 있든 없든 간에 무조건 결과물만 인정할 뿐이다. 여성이 마감 시간이 다 되도록 업무를 끝내지 못하면, 시간만 허비하는 직원으로 생각한다. 그들은 일의 과정에 열정을 쏟는 여성들을 이해하지 못한다. 대부분의 회사 역시 간부 자리는 거의 남성이 차지하고 있으니, 남성들의 일하는 방식을 더 선호할 것이다. 그래서 늘 남성의 일하는 방식이 더 인정받기 마련이다. 남성들은 술자리

뻔뻔하게 오+하ㄴ 화끈하게 들이대라

를 통해 형님 동생 관계가 형성되고, 일부러 져주는 당구 게임에서 전우애를 느낄 수 있다고 한다. 한자리에 앉아 커피 한 잔으로 세 시간을 때우는 여성들의 문화보다는 차라리 '부어라, 마셔라!'의 문화가 머리 쓸 필요 없어 편하다고 한다. 이런 자리에서 맺어진 인연은 자신들의 먼 미래도 담보할 수 있는 관계라 믿는다. 이게 남자다. 그렇다면 남자와 여자는 생물학적으로 다르고, 생각하는 것도 다르니 영영 친해질 수 없는 관계일까?

남자들과 통해라

"남자들과 어떻게 친해지나요? 그들도 우리랑 친하게 지내고 싶대요?"

"서로 못 잡아먹어 안달인데, 애들 아프다고 병원 좀 다녀온다고 하면 고새 과장님한테 꼰질러요. 자기들은 애도 안 키우나?"

"솔직히 저들과 친해지려면 우리가 남자가 되어야 해요. 그 방법밖에는 없는 것 같아요."

"맞아요. 그냥 저들의 의견을 따라주고 같이 거나하게 취해서 술도 먹고, 담배 연기 뿌연 당구장에서 게임 같은 걸 해줘야 할걸요?"

대부분 남자들은 여자를 좋아한다. 단지 같은 사무실에서 일하는 잘난 척하는 여자를 싫어할 뿐이다. 그리고 모든 남자와 여자들이 그렇게 많이 그리고 자주 싸우며, 문제를 겪지도 않는다. 오히려 더 잘 맞는 동료들도 많다. 그럼에도 불구하고 과거에는 여성들이 사회에서 리더가 되고 리더로서 남성들을 이끌기 위해 스스로 여성성을 버리고 남성성을 추구했다. 머리도 짧게 잘랐으며, 성격도 남성리더들의 특성과 비슷하게 독단적이고 강한 이미지를 갖추었다. 그래야 남성중심사회에서 리더로 성장할 수 있고 남자 직원들과 친해질 수 있다고 믿었기 때문이다. 하지만 나는 여성성을 버리고 남성이 되려고 하는 것에는 반대한다. 자신의 고유 생물학적인 특성이 있는데도 무시하면서 이루어 낸 관계는 오래가지 못하기 때문이다.

그렇다면 그들과 친해질 수 있는 방법은 무엇일까? 그들과 자주 통하는 것이다. 여기서 통한다고 하니 깜짝 놀라 동그래진 눈으로 "통해요?"라고 반문하는 사람들이 있을 것이다. 맞다. 통해야 한다. 그들과 대화로 서로가 처한 상황들을 그리고 서로의 입장을 먼저 말하고 다가가는 것이다. 남자들은 먼저 절대 그렇게 하지 못한다. 워낙에 사회 구조상으로, 오천 년 역사가 그리 가르쳤기 때문이다.

먼저 그들에게 다가가라. 지는 게 이기는 것이라 했다. 그리고 이날만큼은 차나 와인대신 진한 소주 한 잔 기울이며 대화를 할 필요가 있다. 대화는 소통의 기본이고, 문제를 해결하는 원동력이다. 절대 술자리에서 그들을 가르치려 하거나 훈계하면 안 된다.

뻔뻔하게 오+하ㄴ 화끈하게 들이대라

서로의 마음을 여는 소통이야말로 그들과 통할 수 있는 좋은 기회라는 이야기다. 술자리에서 맺은 인연을 끝까지 가지고 가는 남자들의 충성심 덕분에 좋은 관계가 유지 될 수 있을 것이다.

옆 자리에 앉은 그를 주시하라. 지금 당장 그들과 통해라!

Chapter 4

2. 가만있다고 왕관을 씌워주진 않아

　어릴 적 나는 '미스코리아 선발대회' 프로그램을 즐겨 봤다. 물론 일 년에 한 번 있는 것이니 즐겨 볼 만큼 자주 하지는 않았지만, 매년 미스코리아 선발대회는 놓치지 않았다. 늘 마지막 장면에는 미스코리아 진선미에게 왕관을 씌워주는 내용이 나온다. 그 왕관을 쟁취한 미녀들은 세상을 다 가진 것처럼 기뻐하며 눈물을 흘렸다. 내가 어릴 적이라 그 미녀들에게 느끼는 감정은 참 우스웠다.

뻔뻔하게 오구하ㄴ 화끈하게 돈이데라

그 당시 내 또래 친구들의 꿈에 미스코리아가 하나씩 있을 정도로 미스코리아에 대한 동경도 무척 컸다.

"우와, 정말 예쁘고 날씬하다. 말도 잘하고 똑똑하다. 공부도 참 잘했네. 대학교도 좋은 곳에 다니네. 세상은 참 불공평하지. 난 왜 이렇게 키도 작고 날씬하지도 않은 거야? 몸매 좋고 얼굴 예쁘면 미스코리아 시켜주고. 저 사람들은 참 좋겠다. 얼굴 하나로 먹고사니."

어린 마음에 그녀들을 바라보며 혼자서 구시렁거리기도 했다. 그런데 내가 생각했던 것과는 달리 미스코리아가 되기 위해서 얼마나 많은 피눈물을 쏟아야 하는지 비로소 알게 되었다. 언론에서 미스코리아가 되기 위한 과정과 훈련 장면, 어릴 때부터 미스코리아가 되기 위해 굶으며 운동했던 과정들을 지켜보고 예전에 내가 그녀들에게 했던 생각들이 틀렸다는 것을 알게 되었다. 미스코리아라는 목표를 위해 그녀들은 단 하루도 쉬지 않고 노력했으며, 그것도 미스코리아의 꽃이라고 하는 진선미가 되기 위해 갖은 스트레스와 고난을 이겨내야 했다. 그렇게 해서 그녀들은 값진 왕관을 머리에 썼던 것이다. 그녀들은 분명 그 왕관을 쟁취하기 위해 서로를 경쟁자로 생각했을 것이다.

현재 직장 생활 10년 차인 N은 동료직원들 사이에서도 평판이 아주 좋다. 업무에서나 인간관계에서나 어디 하나 빠지지 않는다고 한다. 그녀는 유난히 기획력이 좋다. 그래서 그의 동료들은 그녀와 함께 한팀이 되기를 바란다. 그녀는 알아서 좋은 기획력을 보여주기 때문이다. 그녀와 일을 하면 늘 좋은 평가를 받는다는 것을 주위에서 모르는 사람이 없다. 그런데 그녀의 좋은 기획력을 바탕으로 신 나게 일을 하지만 이상하게도 승진이나 리더의 자격에서는 배제된다고 한다. 자신이 기획하고 추진한 일임에도 이미 다른 남자 직원의 공으로 가버리기 일쑤다.

"아니 어떻게 그럴 수 있나요? 당신이 기획하고 추진한 일이라고 다른 사람들에게 아니 상사에게 알리지 않았나요?

"굳이 알릴 필요가 있나요? 상사들은 모르지만 동료들은 제가 한 일로 알아요. 그러면 된 거죠. 그리고 기획은 제가 했지만, 프레젠테이션은 그 남성 직원이 한 게 맞아요."

"아니, 마지막 프레젠테이션하는 사람이 모든 공을 다 가져간다는 게 말이 되나요? 속상하지 않아요? 분명 당신 거잖아요."

"내꺼 네꺼가 무슨 소용이에요. 덕분에 제 기획이 사장되지 않으면 된거죠. 전 아무렇지 않아요."

"그렇게 하면 동료들이 당신에게 고맙다고 생각해줄 것 같아요? 다음에도 또 그런 일이 일어난다고요."

"언젠가는 알아주겠지요. 그리고 제 공이라고 저에게 공을 돌리는 날이 있을 거예요. 그냥 나서지 않고 있어도 언젠가는 절 알아줄 거예요."

뻔뻔하게 오누하니 환끈하게 튼이대라

현재 이런 생각을 가진 여성이 많다는 것을 나는 이 책을 집필하면서 알게 되었다. 물론 세상 여자들이 다 나 같을 수는 없다고 생각했지만, 배려심이 깊고 남을 존중하는 일이 많으리라고 생각했지만, 이 정도 일지는 솔직히 몰랐다. 까다롭고 궂은일은 혼자 다 하면서 그 대가는 받지 않으려 하는 여성들의 생각에 나는 가슴을 치지 않을 수 없었다. 해도 안 해도 티 안 나는 일이라면 그냥 대충대충 하던가, 하지만 그녀들은 더욱더 일을 완벽하게 해 나갔다. 하지만 늘 그에 따른 대가와 공은 받지 못하고 늘 다른 직원들, 특히 남성들에게 그 공을 돌리고 만다. 그리고 하나같이 그녀들의 대답은 나를 더욱 놀라게 했다.

"그냥 중간만 할래요. 나서기도 싫고, 나서면 나댄다고 할까봐 두려워요. 그냥 이게 편해요."

어릴 때부터 여자는 조용하고, 얌전하길 기대했다. 큰 소리보다 작은 목소리로, 말괄량이보다 다소곳한 여자로, 똑똑한 여자보다 좀 둔한 여자로, 나대는 여자보다 좀 참는 여자로 살아가기를 바랐다. 하지만 지금은 예전과 다르다. 여자라고 해서 조용히 하고, 무조건 참는다는 것은 불공정 거래다. 그럴 거면 일도 하지 말고 집에서 애 낳고 키우면 되지, 일은 무슨 이유로 하는지 모르겠다. 일이 취미도 아니고 자기 한계를 확인하는 일도 아닌데 말이다. 물론 스스로의 만족감이 중요한 것도 사실이지만, 일이라는 것은 최선을 다하고 그에 따른 대가를 받는 것으로 성취감을 느낄

Chapter 4

수 있어야 한다. 그래야 남성과 동등한 입장에서 일하는 커리어 우먼이 되는 것이다. 커리어 우먼이 직장 다니면 모두 커리어 우먼인줄 아나? 커리어 우먼은 그야말로 자신의 위치와 입지를 굳히며 자신의 존재감을 각인시켜야 진정한 커리어 우먼이다.

나는 욕심이 많다. 하고 싶은 것도 많고 남들보다 더 잘하고 싶다. 남들과 같게만 살고 싶지 않고 늘 새로운 것으로 튀고 싶어 한다. 중간만 하자는 남편과 다르게 뭐든 잘하려고 한다. 그래서인지 나는 직장에서 주최하는 각종 공모전에서 두 번이나 입상했다. 그것도 쩨쩨하게 2등이 아닌 1등이었다. 물론 신춘문예처럼 대단한 공모전은 아니었지만, 나는 하고자 하는 일에 1등을 하기 위해 작은 것이라도 최선을 다했다. 그리고 성과를 내면 내가 한 것은 내가 했다고 주위에 알린다. '남자들이 날 얄미워하면 어떡하지?' 라는 생각을 하기도 했지만, 오히려 남자 직원들의 반응은 더욱 좋았다. 함께 경쟁하며 더 통 할 수 있었고, 나의 그런 능력을 인정해줬다. 그러면서 점점 나의 존재감은 확고해졌고, 점점 배려와 존중, 겸손이 몸에 배기 시작했다. 항상 자신감에 차 있는 얼굴로 직장 생활에 임하니 보는 사람들이 모두 나에게 물었다.

"상미야, 너는 뭐가 그리 좋니?"

"저요? 뭐 안 좋을 게 있나요? 다 마음가짐이죠."

주위에서는 그런 나를 좋아한다. 물론 아니꼽다는 사람도 있겠지만 별로 중요하게 생각하지 않는다. 나에게 좋은 영향력을 미치지 못하는 그런 사람들과 나의 성과를 맞바꿀 수 없기 때문이다. 그렇게 내가 쟁취할 수 있는 일은 최선을 다해 내 것으로 만들었다. 그렇지 않으며 가만히 앉아 있는 나에게 누가 와서 왕관을 씌워줄 리 없기 때문이다.

미스코리아 진선미는 그 왕관을 쓰기 위해 부단한 노력을 하고 많은 눈물을 흘렸을 것이다. 자신의 존재감을 알리기 위해 자신의 노력에 대한 대가를 받기 위해 누구에게도 지지 않으려 애쓴다. 현재는 미스코리아가 되기 위해 좋은 학벌을 위해 공부를 하고 외국어 실력을 향상시킨다. 사회를 위해 수년에 걸친 봉사정신도 키워야 하며, 날씬한 몸매를 만들기 위해 밥을 굶어가며 노력한다. 그렇게 얻어진 왕관은 가만히 앉아 있다고 누군가 씌워 준 것이 아니었다.

여성들의 직장 생활도 마찬가지다. 자신의 능력으로, 자신의 공으로 이루어진 일로 괜히 남 좋은 일 시켜서는 안 된다. 한 번 그러면 두 번 그리고, 두 번 그러면, 네 번 그럴 수 있다. 자신이 갖지 못한 왕관을 다른 이가 쟁취할 것이라는 생각을 하면 화가 나지 않겠는가? 그 모습을 상상하면 절대 나의 희생으로 남 좋은 일 시키는 일은 하지 못할 것이다.

여성보다 남성들이 리더의 자리에 더 많이 오를 수 있는 이유가 무엇인지 아는가? 바로 성취욕구가 뛰어나기 때문이다. 여성들도 사회에서 리더로 성장하기 위해서는 성취욕을 좀 키울 필요가 있다. 절대 가만히 앉아 있다고 공을 인정하여 누군가 왕관을 씌워주지 않는다. 스스로 왕관을 내 머리에 써야 하는 것이다.

뻔뻔하게 요구하고 화끈하게 들이대라

3. 미움받아도 잘 나가는 여자가 되라

　'사촌이 땅을 사면 배가 아프다'는 속담이 있다. 한 마디로, 남 잘되는 꼴 못 본다는 것이다. 사람 심리상 남 잘되는 일에 "너무 축하해. 잘 됐다"며 진정으로 축하해 주는 사람은 얼마나 될까? 축하는커녕 속으로는 "잘 난 것도 없으면서, 백그라운드가 짱짱하구나" 하며, 못 이기는 척 축하해 주는 사람이 더 많을 것이다. 이는 여성이 직장에서 흔히 겪는 어려움 중 하나였다.

"제가 근무하는 것은 홍보를 주로 하는 곳이에요. 저도 물론 홍보 관련 일을 하죠. 직장에 입사한 지 올해로 4년이에요. 그런데 이제 대리로 진급하게 되었어요. 솔직히 빠른 것은 아니거든요. 제 기준에서는 많이 늦었죠. 저랑 같이 입사한 남자 직원들 대부분은 이미 작년에 대리로 진급했으니까요. 많이 속상했지만, 여자인 저는 그래도 밤늦게까지 술 먹으며 과장님, 부장님 접대하지 않아도 되었으니 그걸로 위안삼았죠. 솔직히 전 남자들보다 그런 면에서는 덜 힘들었으니까요. 그런데 얼마 전 성과 발표가 있었는데 제가 상위권에 포함되어 있는 거예요. 솔직히 매우 기뻤고 저는 제 능력으로 진급할 수 있다고 생각했어요. 그리고 얼마 후, 진급발표가 났는데 제 생각대로 제가 대리 진급자 이름에 포함되어 있었어요. 매우 기뻐 유레카를 외쳤어요. 그런데 주위에서 이상한 소문이 돌기 시작했어요. 제가 능력이 아닌 든든한 백으로 진급했다는 소문인 거죠. 정말 어이없지 않나요? 제가 백이 있었으면 이리도 늦게 진급을 했겠어요? 전 정말 화가 나요. 왜 사람들은 여자가 잘되면, 능력이 아닌 백이나 배려로 인해 덕을 본 것으로 생각할까요?"

– 직장 4년 차, 28세, M 씨, 여

M은 자신이 겪고 있던 직장에서의 여성에 대한 편견을 토로했다. 물론 사람들 사이에서, 특히 경쟁자들 사이에서 서로 잘 되는 것을 흔쾌히 인정해 주는 일은 흔하지 않다. 하지만 남자들은

여자가 성공하거나, 자신들보다 더 인정받는 사람이면, 나오는 첫 마디가 정해져 있다.

"여자들은 좋겠어. 어차피 할당된 여자 T/O는 채워야 하잖아. 진급 빨리하려면 여자로 태어나야 한다니까. 백이 그렇게 좋나?"

"왜 그래? 저 정도 되기 위해서 집에는 얼마나 신경을 못 썼겠어. 남편은 불쌍하다. 저 등쌀에 잡혀 살겠어."

당연히 여성 스스로 능력을 인정받아 그만한 대가를 받는 것도, 여성이기에 운이 좋아 대가를 받는 것도 모두 여성이 받는 특혜라고 생각한다. 자신들보다 잘 나고, 능력 좋은 여성들에 대한 편견은 모두 이런 생각 속에서부터 뿌리가 자라는 것이다. 물론 그 뿌리는 아주 오래전 오천 년 전 역사에서부터 박혀있던 고정관념에서 가지 뻗기를 했다고 해도 과언이 아니다. 여성의 직장 생활이 보편화 되지 않았던 시절에 여성은 단지 회사에서 커피를 타고 복사나 하는 비서 역할에 지나지 않았기 때문이다. 하지만 여성들의 사회적 진출이 증가하고 능력을 인정받으며, 남성들이 차지하던 자리들을 하나둘씩 내줘야 하는 실정이 되자 점점 여성은 특혜를 받는다는 편견을 가지게 되었다. 당연히 그들은 특혜를 받았다고 생각하는 그녀들을 미워하고, 또 팔자가 드세고 나대는 여자라고 생각한다. 그렇다면 그들에게 미움받을까 봐 자신의 능력에 대한 대가나, 여성으로서 받을 수 있는 특혜를 놓쳐야 할까?

내가 잘 아는 평범한 회사원 A가 있다. 대학 동기이자 친한 친구다. 그녀는 늘 당당하다. 자신이 한 것도, 자신이 하지 않은 것도 모두 자신이 한 것처럼 말하는 친구다. 그래야 남자들 틈에서 살아남을 수 있다고 생각한다. 얼마 전 그녀의 회사에서 제품 공모전이 있었다고 한다. 제품 공모전에서 당선된 공모 작품은 당연히 제품으로 출시하고 당선된 직원은 진급 대상자로 선정한다고 했다. A는 항상 주어진 왕관은 자기가 써야 한다는 생각을 가진 긍정적이고 진취적인 친구다. 그녀 역시 그 기회를 놓치지 않았다. 평소 생각하던 주제로 기획안을 만들고 꼼꼼한 여성의 특유함으로 공모전 파일도 정말 잘 만들었다고 한다. 결과는 당연히 안 봐도 뻔했다. A가 당선된 것이다. 그런데 그녀가 당선되었을 때, 그녀를 향한 칭찬과 축하보다 너무나 많은 질타가 뿜어져 나왔다고 한다. 하지만 그녀는 그 상황을 미리 예견했고, 사람들의 험담이나 헛소문은 신경 쓰지 않았다고 한다. 일부는 너무 잘 났다고 타박했고, 일부는 너무 나댄다고 타박했다. 그녀의 능력을 모르는 것도 아니면서 그들은 단지 잘 나간다는 이유 하나만으로 그녀를 미워한다. 그녀는 그런 그들을 어떻게 생각하고 있을까?

"별로 신경 안 써. 그거 신경 안 써도 신경 쓸 게 너무 많아. 사람들이 모두 나를 다 좋아해 줄 수는 없는 일인데, 뭐하러 내가 그들이 하는 말에 대꾸할 필요가 있겠어. 저들의 반응에 내가 더 반응하면 내가 더 이상해져. 그냥 나는 내 능력을 스스로 인정하며

뻔뻔하게 오구하고 화끈하게 들이대라

살면 되는 거지. 부러우면 자기들도 그렇게 하면 되잖아. 부러우니까 저러는 거야."

　사람들은 자신이 하지 못하는 일을 하는 사람을 부러워하고 그에 대한 열등의식을 가지고 있다. 그 열등의식이 강해지면 상대방을 미워하기 마련이다. 잘해서 잘 난 것이 아니라, 어쩌다가 잘나가는 사람이 된 것이고, 공평하게 이루지 못했다고 합리화시킨다. 그래야 자신들이 되지 못한 것이 능력 부족이라는 생각이 들지 않기 때문이다. 물론 어떤 사람들은 진심으로 그들의 노력과 능력을 인정해 주는데, 그런 사람들은 절대 사람을 미워하지 않는다. 오히려 그 사람에게 더 배우기 위해 노력하고, 롤모델로 삼기도 한다.

　모든 사람이 자신을 모두 좋아해 줄 것으로 생각하지 않을 것이다. 그렇다고 모든 사람이 자신을 좋아하게 하기 위해 기회를 놓치고, 양보한다고 해도 '그 직원 참 겸손하네. 사람이 진국이야'하고 칭찬해 주는 일도 없을 것이다. 물론 미움받고 비난받지는 않겠지만, 그들 사이에서 처음부터 관심 밖의 존재가 되어버릴 것이다. 미움도 관심도 사랑도 받지 못하는 어정쩡한 존재 말이다.

　나는 직장에서 능력을 인정받을 일이 있을 때, 그 일은 내가 했다고 주저하지 않고 말한다. 그리고 내가 아는 것은 당당히 주장하고 알려준다. 나와 다른 의견을 가지고 있는 직원들에게는 내 의견을 설득시키고, 내 주장이 맞음을 이해시킨다. 물론 근거가 있는 주장이다. 그래서인지 이제는 대부분의 부서 직원들은 나에게 전화해서 문의한다. 내가 일하는 분야가 아님에도 전화해서 묻고 조언을 구한다. 그리고 내 능력이 인정받을 수 있는 기회는 꼭 쟁취한다. 남자 직원들은 내가 여자이기 때문에 얻는다고 생각하지 않으며, 욕심이 많고 능력이 있어 얻는 것이라고 알기 시작했다. 무조건 나댄다는 표현이 나올 만큼 행동하는 것보다 남도 배려하고, 그들이 얻을 수 있는 것은 옆에서 돕기도 한다. 물론 그런 나를 미워하는 사람도 분명 있을 것이다. 하지만 난 개의치 않는다. 내가 그들을 위해 포기할 필요가 없다고 생각하기 때문이다. 나의 희생을 고마워해 주지도 않을 것이며, 또 나의 희생으로 그들을 얻을 수도 없기 때문이다.

잘 나가는 여자는 미움받기 마련이다. 하지만 미움 받기 싫다고 양보만 해서도 안 된다. 미움받더라도 잘 나가는 여자가 되는 것, 나를 위하고 내 능력을 인정받는 길이다.

뻔뻔하게 오두하는 화끈하게 들이대라

4. 성공한 너를 본받게 만들어라

누군가의 롤모델이 된다는 사실을 상상해보았는가? 직장 생활 중에 또는 일상생활 중에서도 누군가를 롤모델로 여길 때도 있으며, 반대로 누군가에게 롤모델로 여겨질 때도 있다. 특히 직장 생활에서 롤모델은 여성이건 남성이건 절실하게 필요한 조건이다.

Chapter 4

"저는 학원 강사입니다. 초등학생들을 가르치는 대규모 영어학원에서 아이들을 가르치고 있어요. 처음에는 아이들 가르치는 것도 좋고, 대우 좋은 직장이라 하루하루가 신이 났어요. 그런데 시간이 갈수록 불안해집니다. 학원 선배 강사들이 하나둘씩 떠나고 있거든요. 물론 오랫동안의 경력도 있고, 고소득의 직장이지만, 어느 순간부터 하나둘씩 이직을 하고 있어요. 그렇다 보니 학원에는 나름 성공한 인생을 살고 있다는 사람들이 없습니다. 당연한 결과죠. 자신들의 커리어에 맞게 이직을 하고, 더 좋은 대우를 받을 수 있는 곳에 가는 것은 당연하니까요. 그런데 직장 생활하면서 본받고, 배울 수 있는 선배 한 명 있다는 것이 얼마나 큰 힘이 되는지 아시죠? 하지만 저에게는 그런 선배가 없어요. 물론 선배들도 거의 그런 이유로 다른 직장을 찾는 것 같습니다. 정말 평범하지만, 이렇게 하면 성공하고 인정받을 수 있다고 보여줄 수 있는 그런 롤모델 찾는 게 이렇게 힘이 드는 건가요? 저도 제가 본받을 수 있는 롤모델 한 명 있었으면 좋겠어요. 특히 여자이기에 더욱 간절합니다."

— Y 영어 학원 강사, 28세, 여

남성들도 마찬가지지만, 특히나 여성에게는 직장에서 자신을 이끌어 주고 본받을 수 있는 선배가 한 명쯤은 있어주길 바란다. 거의 모든 시스템이 남성 위주로 흘러가는 사회에서 여성에게 어떻게 하면 성공할 수 있는지, 인정받을 수 있는지에 대한 답은 늘

뻔뻔하게 요구하고 화끈하게 들이대라

막연하기 때문이다. 그래서 여성들은 TV에서 성공한 여성들의 모습을 마음속 롤모델로 심어놓기도 한다. 롤모델은 내가 되고자 하는 직업이나 하고자 하는 일을 이미 이룬 사람으로 그처럼 행동하고 배우면 롤모델처럼 될 수 있을 것이라는 기대감을 갖는 것과 같다. 그래서 사람들은 직장에서나 사회에서나 그리고 가정에서 내 사회적 입지나 미래를 위해 롤모델 만들기에 여념 없다.

대부분 직장에는 여성 간부보다 남성 간부가 더 많은 비율을 차지하고 있다. 따라서 여성보다 남성이 직장 생활에서 더 유리하고 더 성공할 수 있다. 성공한 남성 롤모델처럼 되기 위해 노력할 것이며, 그로부터 인정받기 위해 자기계발에 더 힘을 쓰기 때문이다. 또한, 남성들의 주요 문화인 술 문화에서 그들은 형님 동생 사이가 가능해지며, 끈끈한 우정을 나눌 수 있다는 것도 중요한 원인이다. 그에 반해, 여성 간부가 희소한 한국 사회에서 여성은 성공하고 인정받는 방법을 찾기 위해 그리고 무작정 열심히 해서 인정받기 위해 지금도 발에 땀이 나게 뛰고 있을 것이다. 이 시점에서 분명 내 의견에 반문하는 이들이 있을 것이다.

"롤모델이 꼭 같은 동성일 필요는 없잖아요. 여성 남성을 떠나서 진짜 닮고 싶은 사람이 있다면, 그 사람을 따르면 되고 노력하면 되지 않을까요?"

맞는 말이다. 나 역시 성공한 여성이 없기에 여성이 남성보다 성공하기 어렵다는 전제는 옳지 못하다고 생각한다. 물론 동성이 아니기에 생각하는 방식과 행동하는 방법이 다를 수 있지만, 어차피 목표는 한 가지로 같다. 사회에서 남성이건 여성이건 성별과 상관없이 자신만의 롤모델을 찾는 것이 더 현명한 일이라고 생각한다.

12년 전, 경찰관이 되겠다고 하루 24시간이 모자를 정도로 열심히 공부했다. 그리고 대한민국의 대표 경찰이 되겠다는 큰 꿈을 안고 경찰에 입문했다. 경찰이라는 조직은 여성의 비율이 남성에 비해 현저히 낮았고, 나 역시 여경 선배를 많이 접할 수 없었다. 그래서인지 처음부터 여성 선배를 내 롤모델로 찾으려고 하지 않았다. 일단 내 주위에 많은 여경 선배가 없었고, 함께 근무하던 직원들은 죄다 남자 직원들이었기 때문이다. 하지만 롤모델을 찾는다는 것은 쉬운 일이 아니었다. 사실 내가 본받고 싶을 정도의 선배들이 그리 많지 않았기 때문이다. 그저 지금 현실에 안주하며 살거나 죽자고 공부하는 사람들일 뿐, 스스로 자신의 일에서 프로가 되거나, 인정받는 사람이 되기 위해 애쓰는 사람은 없었다. 변화가 두려워 현실에서 벗어나려 하지 않는 사람, 승진에 목숨 거는 사람, 공부에 목숨 거는 사람 등 모두 나름대로 열심히 사는 사람들이었지만, 본받고 싶지는 않았다. 물론 12년의 생활 동안 단 한 명도 없었다고 하면 거짓말일 것이다. 인성 면에서는 몇몇 본받아야 할 사람이라고 생각된 사람이 있었지만, 오랜 시간을 함께 할

뻔뻔하게 오구하ㄴ 화끈하게 들이대라

수 없었다. 그래서 생각해 낸 것이 바로 "내가 후배들에게 롤모델이 되어 볼까? 날 본받고 싶다는 생각이 들 정도로 날 키워야겠다"는 생각이었다. 그래서 일에 있어 절대 수동적인 사람이 되지 않았다. 무슨 일이든지 다른 이들에게 묻기 전에 먼저 관련 규정과 매뉴얼을 통해 터득했다. 다른 이들이 나에게 물었을 때, 태어날 때부터 이미 알고 있었던 것처럼 내 머릿속에 차곡차곡 쌓아두었다. 주위에서 어쩔 줄 몰라 쩔쩔매고 있을 때에는 늘 사람들이 나에게 먼저 방법을 묻기도 했다. 물론 백 프로 모두 다 잘할 수는 없었지만, 늘 당당했다. 부서 담당자도 제대로 알지 못하는 규정들을 스스로 공부해서 터득했으며, 사람들은 담당자에게 문의하기 전에 나에게 묻는 일이 당연시되었다. 정말 모르는 일이 있을 때는 최고 상급기관 담당자에게 직접 문의해서 답을 얻었고, 고스란히 내 것으로 만들었다. 업무적으로는 누구보다 더 열심히 그리고 열정으로 공부했다. 사람을 대할 때도 마찬가지였다. 일도 중요하지만, 사람을 대할 때는 어떤 부류의 사람이냐에 따라서 대하는 방법과 다루는 방법도 달라야 한다. 민원인들의 접촉이 많은 부서에서 근무해서인지 사람을 대하는 스킬은 저절로 익혀지기 마련이었다. 상대방에게 상을 줘야 하는지, 매를 들어야 하는지, 부드러운 어투가 필요한지, 강한 어투가 필요한지 구분하는 것은 어렵지 않았다. 덕분에 상사가 필요로 하는 것, 상사에게 필요한 사람이 되는 방법을 터득할 수 있었으며 그러한 방법들로 상사에게 인정받는 사람이 될 수 있었다. 물론 모든 동료와 상사들이 날 인정해 주는 것은 아니었다. 사람의 관점이 모두 다르니 자신의 관점에서 행동하지 않으면 눈 밖에 나는 일은 당연한 일이다. 하지만 모든 상황에 맞춰 지내며 내가 생각하는 기준 밖의 일을 하지 않았다. 내 기준대로 움직였으며, 조금의 양보는 가능했지만, 더 많은 양보에는 타협하지 않았다. 불공정하고 불합리한 일에 대해서는 절대 응하지 않았고, 남들에게 비난받을 일을 하지 않으려 했다. 물론, 자신들의 기준에 맞지 않는다고 건방지다는 얘기를 들어보기는 했지만, 난 개의치 않았다. 내 기준대로 움직이고 살아도 나는 여러 사람에게 인정받고, 본받고 싶은 선배가 될 수 있기 때문이다.

210

"난 언제 선배처럼 되지요? 일도 잘하고, 그렇다고 성격이 나쁜 것도 아니고. 시원시원하게 말도 잘하고, 상사들에게 무조건 잘 보이려고 아부하는 것도 아니고. 선배 같은 사람이 있어서 정말 좋아요. 내가 힘들 때, 물어볼 사람도 있고. 선배가 제 롤모델이에요."

"반장님은 제가 봤을 때, 물론 제가 일을 한 지 얼마 되지 않았지만, 정말 최고인 것 같아요. 사람들이 왜 칭찬하는지 몰랐는데, 같이 일 해보니까 알겠어요. 제가 남자이지만, 남자 선배들보다 반장님 보고 배우는 일이 훨씬 많아요."

뻔뻔하게 요구하니 화끈하게 들어대라

"이번 발령 때 다른 부서 안 가시죠? 다른 사람 다 가도 반장님만 안 가면 돼요."

"언니, 난 언니 후임으로 발령 날까 봐 두려워. 내가 후임으로 일하게 되면 너무 비교될 것 같아."

"반장님은 저에게 단비 같은 존재입니다. 궁금한 게 있을 때, 자판기처럼 답이 바로바로 나와요."

무조건 상사들에게 잘 보이기 위해서, 동료들에게 비난받지 않기 위해 그들의 기준에서 일을 하거나 그들을 대할 필요가 없다. 그리고 모든 사람이 나를 좋아해 줄 것이라는 생각을 갖지 않는 것이 좋다. 99명의 사람이 나를 싫어할지라도 단 한 명의 사람이 나를 존경하고 본받고 싶어 한다는 것이 중요하다. 공부와 연구를 통한 일의 프로의식, 그리고 따뜻한 배려를 통한 인간관계는 남들이 본받고 싶어 하는 롤모델이 될 수 있게 해 준다. 남성이건 여성이건 상관없이 존재감 없는 선배보다 성공하고 인정받는 나를 본받게 만들어라.

5. 할 말 못하는 여자, 할 말 다하는 여자

  여성은 예로부터 집에서 살림만 하는 사람, 아이들을 키우는 사람으로 여겨졌었다. 오랜 세월 그렇게 여겨지니 여성 스스로도 당연히 그래야 한다고 생각했다. 그래서 사회에서 인정받는다는 것은 여성으로서 대단한 일이라 생각한다. 여성이면 누구나 할 수 있는 일이 아니기 때문이다. 예전부터 이렇게 생각이 길들여진 여성들은 자신의 의견을 제시하거나 잘못된 점을 지적하는 일이 모

뻔뻔하게 요구하고 화끈하게 들이대라

두 관습에 어긋나는 일이라고 생각했다. 늘 조신하고 조용히 있어야 한다는 잘못된 관습 때문이다. 그래서 지금도 남성들은 여성들이 자신에게 질문을 많이 하거나, 잘못된 일에 대해 충고 해줄 경우 자신이 무시당한다고 생각한다. "감히 남자인 나에게"라며, 여자를 얕보고 무시한다. 남성은 자신감이 손상되는 것이 죽기보다 싫은 존재이다. 그래서인지 여자가 바른말을 해도 여자이기 때문에 받아들이지 않기 마련이다. 실제로 여성 리더십교육에서 여성 직장인들은 자신들이 여성이라는 이유로 남자 직원들에게 무시당했던 일이 있다며 고민을 털어놓은 적이 있다.

"우리 사무실에 과장님이 계십니다. 그분은 워낙에 성격이 강하고 독단적이며 권위의식이 강한 분이세요. 그래서 직원들도 상당히 피곤해합니다. 그래도 과장님이기 때문에 직원들은 그분의 의견을 많이 따라서 일을 하고, 성과를 냈습니다. 그런데 하루는 과장님께서 자신의 의견과 맞지 않은 계획을 했다며 저에게 노발대발 화를 내시는 게 아니겠어요? 처음엔 그냥 소리만 지르시더니, 이제는 입에 담기도 힘든 욕을 하면서 저를 무시하시더군요. 전 정말 그런 사람 처음 봤습니다. 뭐가 그리 화가 났는지 괜한 저한테 욕을 하시는데, 정말 모욕감을 참을 수가 없었어요. 아직도 이런 사람이 있는 이 사회에서 여성이 어떻게 성장할 수 있겠어요?"

– 기능직 공무원, 33세

Chapter 4

"저는 지금 3년째 여자라는 이유로 승진에서 제외되고 있어요. 여자라는 이유 때문이라는 것을 어떻게 확신 하냐고요? 정말 이유를 들어보시면 황당할 거예요. 입사 동기 남자 직원들과 함께 승진 대상자에 올랐어요. 그런데 첫 승진에서 제가 탈락하고 말았죠. 그때는 제가 여자이기에 탈락했다고 생각하지 않았어요. 그냥 제 실력이 부족하다고 생각했죠. 그런데 그다음 해에는 제 남자 후배 직원에게도 승진을 양보해야 했어요. 제가 그 직원보다 더 부족한 게 없었거든요. 그래서 전 상사에게 따졌어요. 대체 무슨 이유로 2년 연속 탈락했는지 궁금했거든요. 그랬더니 당연히 성과 결과와 내부적인 문제로 그렇게 됐다고 했습니다. 그때부터 솔직히 제가 여자이기에 밀렸다고 생각했어요. 그런데 올해 승진 시즌이 다가오자 과장님이 절 부르시더라고요. 그런데 뭐라고 말하는지 아세요? 저더러 남편도 있고, 남편이 괜찮은 직위에서 근무하고 있으니까 이번 승진을 남자 직원에게 양보하라지 뭡니까? 그 남자 직원은 가장이고, 맞벌이도 안 한다고요. 그러니 이번 한 번만 더 양보해달라고 하더라고요. 저는 뭐 직장을 취미로 다니는지 아나 봐요."

— 기능직 공무원 32세

"정말 별사람들이 다 있군요. 제가 다니는 직장에는 이상한 과장님이 계세요. 예쁜 여직원들에게 대놓고 예쁘다고 편애하시는 분이에요. 그 직원이 일도 잘하고 성격도 좋아 회사에서

214

뻔뻔하게 요구하ㄴ 화끈하게 들이대라

인정받는 사람도 아닌데 과장님은 예쁘면 모두 용서된다며 신경도 쓰지 않으세요. 솔직히 별로 예쁘지도 않은데. 직원들 앞에서 너무 대놓고 편애하니 직원들 사이에서 그 여직원은 왕따예요. 그런데 그 여직원은 그걸 더 이용하는 것 같아요. 어우 정말 재수 없어요."

– 무기 계약직 공무원, 40세

이들의 고민은 여성이 직장 생활을 하면서 흔히 접할 수 있는 사실들이다. 이들의 이야기를 들었을 때, 주위에서 듣고 있던 여성들의 입에서 한결같이 "맞아. 맞아. 다 그렇군"이라는 말이 터져 나오기 시작했다. 이는 직장에서 여성들이 보편적으로 겪는 일이라는 것을 증명해주는 장면이었다. 그런데 중요한 것은 위 행동을 했던 남자 직원들의 행동은 시간이 가도 바뀌지 않는다는 것이다. 그 이유는 무엇일까? 그런 대접을 받고도, 그런 부당함 앞에서도 할 말을 하지 못한 우리 여성들 때문이다. 당연히 남자들은 그런 여직원들을 '밟아도 꿈틀거리지 않는다'고 생각한 것이다. 그래서 반복된 부당한 대우를 한다.

"그럼 그에 대해서 부당하다고 말해 보셨어요? 분명 부당하고, 불평등한 일임이 틀림없잖아요. 우리는 왜 그런 말을 듣고도 참아야 할까요?"

"당연히 그렇게 말하는 우리를 좋아할 리 있겠어요? 인사 고가

나 뭐 그런 걸로 복수해주겠죠. 남자들이 아니 상사들이 자신들의 잘못을 얘기해주는 것을 좋아하나요? 자기들을 무시한다고 생각할 수 있어요."

"그냥 그러려니 하고 살아야죠. 뭐."

이들의 반응이 모두 틀린 말이 아니다. 거의 대부분의 직장 상사 특히 남성들은 자신의 의견에 반하는 말이나 행동을 했을 때 자신이 무시당한다는 생각을 한다고 한다. 워낙에 독단적이고, 권위적인 성격을 가진 그들은 자신의 말이 곧 명령이라고 생각하기 때문이다. 그래서 여성들은 불합리한 차별을 받으면서도 그들의 복수가 두려워 그냥 더러워도 참고 산다고 한다. 참 이해할 수 없는 사회적 관습이다. 나 또한 직장 12년 차, 그것도 보수적인 성격의 공무원이라는 조직에서 위에 언급했던 그런 남자 상사들을 여럿 겪었다. 그보다 더하면 더 했지 덜 하지 않은 사람들도 많았다. 나 역시 그런 상황에 닥쳤을 때, 깊은 자괴감과 모멸감을 느꼈으나, 물론 상황에 따라 다르지만 나는 할 말 다하는 여자였고 지금도 그렇다.

몇 년 전 일이다. 남자 직원 A는 우리 부서 직원들이 맘에 들지 않는다는 이유로 그중에서 가장 만만히 보였던 나에게 반말을 하며 욕을 했다. 나에게 "야, 야"라며, 내가 소속되어 있는 부서 전체 직원을 험담하기 시작했다. 물론 내가 잘못해서 나를 겨냥해서 하는 말들은 아니었지만, 그 화풀이 대상이 유일한 우리 부서의 여

뻔뻔하게 요구하고 화끈하게 들이대라

직원인 나라는 사실에 더 화가 났다. 내가 만만했던 것이다. 쉬지 않고 나에게 화를 퍼붓자, 나는 A의 말을 가로막고 한 마디 날려 줬다.

"왜 자꾸 저한테 '야, 야' 하세요? 저도 같은 직원인데, 왜 그러시냐고요. 제가 그렇게 만만하세요? 그 사람이 싫으면 그 사람한테 직접 하세요. 왜 저한테 전화해서 이래라저래라 반말하고 명령하세요? 제가 뭘 잘못했는데요?"

나의 말에 A는 더 이상 아무 말도 하지 못했다. 약해 보였던 사람이, 그것도 아무 말도 못 할 줄 알았던 일개 직원이 상사인 자신에게 그렇게 대들 줄은 몰랐을 것이며, 또한 어린 나에게 그런 말을 들었으니 쪽팔리기도 했을 것이다. 옆에서 듣고 있던 다른 직원들 역시 눈이 동그래져 나를 쳐다보고 있었던 기억이 난다.

내가 잘 아는 대학 선배가 있다. 그녀의 사무실에는 예쁜 여직원을 감싸고도는 상사가 한 명 있다. 일도 제대로 하지 못하고, 형편없는 업무 실력의 소유자였다. 그 여직원과 함께 대화라도 하면 아주 속이 터질 정도였다. 그런데도 예쁘다는 이유로 인사발령을 내는가 하면, 직원들 앞에서 그 여직원의 실수도 모두 별일 아니라는 것처럼 인정해 준다고 한다. 선배들이 혼이라도 낼까 봐먼저 나서서 그 여직원을 대변해 주기도 했다. 직장에서 있어서는안 될 상사와 여직원이다. 모두가 그런 행동을 싫어할 것이다. 선배는 오랫동안 그런 모습을 보고 하루는 어이없는 그 상사 행동에

217

한 마디 날려줬다고 한다.

"부장님! 여자 편 잘못 들다가 인생 종치는 수가 있습니다. 발 없는 말이 천 리 간다는 속담 아시죠? 그게 틀린 말이 아니더라고요. 사람들 보는 눈은 다 같아요. 그리고 생각하는 것도 다 비슷합니다. 괜히 이상한 소문 타서 인생 종치지시 마세요!"

그 상사가 어떤 방법으로 복수를 하든지에 관해서는 그녀에게 별 흥미가 없다. 다만, 여직원에게 그와 같은 말을 들었으니 무너진 자존심을 어떻게 회복할 수 있을지 궁금할 뿐이다. 사실 직장 생활을 편하게 하기 위해서 승진에 욕심이 있었다면 그녀 역시 그렇게 말하지 못했을 것이다. 분명 그 행동이 또 사람들의 입을 지나면서 여러 번의 더하기 빼기를 통해 어떻게 바뀔지는 미지수기 때문이다. 하지만 한 가지 확실한 것은 그 상사는 그녀에게 절대 그런 행동을 하지 못한다는 것이다. 한 마디로 그녀가 만만해 보이지 않았다는 사실이다.

지금은 현대 사회다. 예전처럼 여성이 집에서 살림만 하고, 아이들만 키우는 그런 종속적인 존재로 인식되는 사회가 아니다. 여성도 하나의 인격체며, 사회에서 충분히 성장할 수 있는 장점들을 가지고 있다. 그 장점들이 남성들의 기준에서 어긋나는 것일지라도, 여성들의 그것은 현대사회에서 꼭 필요로 한다. 여성들이 능력과 위치를 인정받기 위해서는 더 이상 남성의 보조역할만 해서

뻔뻔하게 오구하니 화끈하게 튕이대라

는 안 된다. 회사에서 리더를 보조하는 역할을 하거나, 집에서 남편을 보조해주는 파출부 역할만 해서는 안 된다는 것이다. 여성도 이제는 자신의 의견을 거침없이 말하고, 잘못된 관습이나 규칙들에 대해서도 올바르게 변화시킬 수 있어야 한다. 할 말은 하고 살아야 한다. 불합리하고 부당한 행동에 대한 올바른 할 말은 조금씩 세상을 움직일 것이다.

219

6. 스스로 열외 되면, 모두 너를 열외 시켜!

"여자들은 참 이상해요. 몸으로 뛰어야 하는 일에서는 꼭 나서지 않아요. 몸으로 하는 궂은일을 좋아하는 사람이 어디 있겠어요? 일이니까 해야 하고, 내가 안 하면 다른 사람이 해야 하니 희생하는 것이지요. 그런데 몸이 힘든 일이나, 골치 아플 것 같은 일이 생기면 여자들은 어디론가 사라져버려요. 물론 모든 여자 직원들이 그러는 것은 아니지만, 대부분 그렇더라고요.

뻔뻔하게 요구하고 화끈하게 들이대라

그러니 한다고 해도 시키고 싶지 않아요. 그런데 더 얄미운 것
은 조금이라도 득 되는 일이 있으면 발 벗고 나선다는 겁니다.
궂은일도, 좋은 일도 함께해야 남성과 동등한 입장이 될 수 있
지 않을까요?"

- 모 기업 과장, 남성

　　여성들이 양성평등을 외치고 주장하는 일이 어제오늘 일이 아
니다. 남성들과의 차별에 대해 분노하고, 더 기회를 주지 않는다
는 이유로 분통을 터트리는 여성들이 많아졌다. 아직도 남녀차별
이 존재하는지 의문이 들기도 하지만, 여전히 차별은 존재한다고
주장하는 여론이 더 많다. 그런 주장은 어느 모 기업 남성 과장으
로부터 들은 여성 직원들에 관한 이야기로 비춰봤을 때, 차별의
원인은 여성 스스로에게도 있다는 사실을 알 수 있었다. 남자들이
과연 여자들에 관해 어떤 생각을 하는지 더 자세히 들어보았다.
내가 근무하는 직장에 있는 남자 직원들의 말이다.

　　"솔직히 불편하죠. 그래서 좀 친해지기 어려운 존재인 것
은 사실이에요."
　　"여자들이 그러려고 그러는 것은 아니지만, 임신과 출산,
육아 때문에 여자들의 자리가 공백이 생기는 경우가 많아요. 일
을 진행하는 데 좀 애로사항이 있죠."

"될 수 있으면, 여자들과 함께 근무하는 것을 좀 꺼리죠. 여자 직원들의 빈틈을 메워야 하니까요."

"여자들이 능력이 없는 것은 아니지만, 의리나 충성심은 없는 것 같아요. 직장 생활이 일만 잘해서 되는 게 아니거든요."

"회식 같은 것도 같이하기 힘들어요. 여자들은 퇴근하면 끝인 줄 알아요. 우리도 좋아서 회식하는 게 아니거든요."

"차별은 남자들이 받고 있죠. 여자들은 힘든 일도 안 하고, 미인계 써서 쉽게 사는 여자들도 많아요."

여성에 관한 남성들의 이야기를 들었을 때, 많은 공감을 할 수 있었다. 나도 그런 사람 중의 한 명이었고 보통 여성들의 이야기이기 때문이다. 이런 일 때문에, 여성 스스로도 힘들어하고 남성들과 잘 어울리지 못하는 것 같다. 그래서 남성들의 이런 반응을 여성들에게 어떻게 생각하는지 의견을 들어보았다.

"여자들은 남자들이랑 친해지고 싶어 해요. 다만 친해지는 방법이 담배도 피워야 하고 당구도 쳐야 하고 중요한 건 모두 술로 풀려고 하기 때문이죠. 밤마다 늦게까지 술도 먹어야 하고, 그 다음날 술 덜 깬 상태로 출근한다고 생각해보세요. 그것도 전 아이 엄마잖아요. 그러니깐 친해질 수 없고 불편한 관계

뻔뻔하게 요구하고 화끈하게 들이대라

가 되는 것 같아요."

"맞아! 좀 회식은 점심때 했으면 좋겠어. 그리고 힘든 일도 여자들이 하려고 하면 꼭 자기네들이 한다고 나서잖아! 그리고 우리도 참석하고 싶은데 참석을 못 하는 회식 때문에 속상해. 모든 정보는 다 그 자리에서 오가잖아!"

나 역시 그녀들의 말에 동감한다. 여자의 입장에서 남성들의 이야기에 이렇게 반박했을 것이다. 사회 구조상 임신, 출산, 육아라는 굴레 속에서 여성이 남성들처럼 퇴근 이후에 친목을 도모하거나 정보를 교환할 수 있는 자리를 갖는다는 것은 그리 자유롭지 못한 일이다. 그래서 남성들이 여자들은 의리도 없고 상사에 대한 충성심이 부족하다는 말을 하곤 한다. 나는 그 말에 반만 인정한다. 물론 그게 틀린 사실은 아니지만, 의리가 없거나 충성심이 부족해서 행해지는 일이 아니라는 것이다. 남자들 역시 그 사정을 누구보다 잘 알고 있다. 그렇다면, 남성들의 의식이 바뀔 때까지 아니면 사회 구조가 바뀔 때까지 여자들은 그런 오해를 받으며 살아야 하겠는가? 그랬다가는 내 딸이 직장 생활을 하며 내 나이가 되었을 때, 똑같은 일로 오해를 받게 될 것이 뻔하다. 마냥 기다린다고 문제가 해결되지 않는다. 나 역시 직장 생활을 오래 하다 보니 그런 문제가 닥칠 때는 어떻게 해야 하는지 방법을 몰라 많이 힘들었다. 만날 눈치 보며 살 수도 없는 노릇이고, 그렇다고 남자들보다 더 뒤처져 살 수도 없는 노릇이었다. 그래서 나름대로 규칙을 만들었다. 내가 스스로 직장 생활에서 열외 되지 않기 위해, 모든 사람이 날 열외 시키지 않았으면 하는 바람에 말이다.

제일 중요한 건 회식 문제였다. 퇴근 후 아이들을 돌봐야 하는 내 입장에서 제일 조정하기 힘든 문제였다. 하지만 매번 회식에서 열외 될 수 없었고, 그럴 때마다 느끼는 소외감에서 벗어나고 싶었다. 그래서 회식은 공식적인 회식만 참석한다. 공식적인 회식이란 사무실 전체가 모두 참석하는 회식으로 퇴근 시간이 임박해서 만들어지는 일부 직원들 간의 회식과는 성격이 다르다. 그래서 나는 공식적인 회식 날짜와 시간은 늘 내가 정한다. 남편의 근무시간과 맞춰 아이들을 남편이 맡을 수 있는 날을 일주일 전에 정한다. 그리고 남편에게 회식에 대해 알린다. 매번 자주 있는 회식에 모두 참석할 수는 없지만, 사무실에서 전 직원이 함께 참석해야 하는 공식적인 회식에는 빠지지 않고 참석하려 한다. 그리고 어느 정도의 술도 함께하지만, 1차에서 슬그머니 회식자리에서 나온다. 거의 거나하게 취해있어서 누가 나갔는지에 대해서는 관심이 없기에 존재 여부는 별로 중요하지 않다.

남자 직원들이 약한 부분이 있다. 꼼꼼함을 요구하는 문서나 부책 제작, 그리고 연말정산 서류 같은 것은 내 도움이 필요할 때 적극적으로 나서서 도와준다. 팀장급 이상의 직원들은 대부분 어느 정도의 연배가 있으신 분들이라 컴퓨터를 다루는 실력이나 계

뻔뻔하게 요구하고 화끈하게 돌이대라

산하는 방법에 매우 약하다. 그래서 연말정산 같은 서류를 챙기거나 입력하는 방법을 도와주면 굳이 회식에 참석하지 않아도 거기서 얻을 수 있는 정보를 얻을 수 있다.

사소한 일에도 칭찬을 해준다. 칭찬은 고래도 춤추게 한다고 했다. 그만큼 칭찬은 사람을 더욱 성장하게 하고 좋은 관계를 위해 꼭 필요한 항목이다. 남자들은 꼼꼼하지 못하고 배려심이 없어 서로에게 칭찬하는 게 약한 동물이다. 그래서 남자들의 사소한 일에도 칭찬을 아끼지 않는다. 그리고 늘 기분을 띄워주려고 한다. 그러면 남자들은 어느새 벽을 허물고 친해질 수 있는 사이가 될 수 있다. 덩달아 시간이 흐를수록 그들도 나에 대해 칭찬을 아끼지 않는다.

또한, 엄마처럼 챙겨주고 따끔하게 충고해준다. 남자는 보통 덤벙대는 성격을 가지고 있다. 대충대충 하려 하고, 음식냄새가 배어있는 옷을 입기도 한다. 다리지 않은 옷을 입거나 옷에 오물이 묻어있는 경우도 있다. 하지만 남자들은 잘 의식하지 못한다. 그럴 때, 섬유 방향제를 뿌려주거나, 흐트러진 옷에 대해 말해 준다면 남자들은 나를 잘 챙겨주는 사람이라 생각한다. 그리고 잘못한 일에는 누나처럼 엄마처럼 혼을 내고 가르쳐 준다. 여자들은 자존심이 상할지도 모르지만, 남자들은 그런 일로 자존심에 상처를 입지 않는다. 오히려 자신들이 모르는 것을 알려줬다고 더 고마워한다.

나는 이러한 몇 가지 규칙을 만들어 직장에서 남자 직원들을 내 편으로 만들었다. 굳이 매번 회식에 참석하지 않아도 가만히 앉아 있어도 정보를 제공해 주는 직원들이 점점 늘어나고 있다. 요즘 남자들은 여자들처럼 수다스러운 성향을 가지고 있어서 나와 함께 점심을 먹으며 수다를 떠는 일을 즐겁게 여기는 직원들도 생겨났다. 업무적으로 도움이 필요할 때 나에게 도움을 요청하기도 한다.

사회 구조와 여성들이 처한 상황이 자칫 잘못하면 "여자들은 왜 만날 저 모양이냐?"라는 말을 들을 수 있는 현실인 것은 사실이다. 그렇다고 사회구조가 바뀌길 기다리고 있을 수는 없다. 그들 속에서 스스로 열외 되면, 시간이 흐를수록 모두가 나를 열외 시킬 것이다. 왕따가 되지 않는 방법을 스스로 찾아야 할 필요가 있다. 여자들이 가지고 있는 섬세함과 따뜻함으로 먼저 남자들에게 다가서야 할 때다. 그렇다면 직장 내에서 남녀차별이라는 악순환이 더 이상 이루어지지 않을 것이다. 모든 문제는 내 마음속, 나 자신에서부터 찾아 고쳐나가야 한다.

226

뻔뻔하게 오구하고 화끈하게 들이대라

7. 제발 남자들 앞에서 울지 마!

'남자는 여자의 눈물에 약하다'는 말이 있다. 우리 남편만 보아도 알 수 있는 진실이다. 남편은 아들의 눈물에는 전혀 마음이 흔들리지 않는데 딸의 눈물에는 한없이 약한 존재가 되고 만다. 이처럼 여자의 눈물에 남자들의 마음이 흔들리고 약해지는 것은 사람들이 다 아는 사실이다. 실제로 남자들은 여자가 울면 어떻게 해야 할지 모르겠다고 말한다. 여자들이 울건 말건 내 상관 할 바는 아니지만, 여자들의 눈물이 꼭 남자의 마음을 흔들 수 있는 무기만 되는 것이 아니라는 것을 말하고 싶다.

공무원으로 임용 된 지 얼마 되지 않은 J가 있다. 공무원이 된 지 겨우 2년도 되지 않았다. 아직 많이 어린 그녀는 남자들의 눈길을 사로잡는다. 물론 내가 봤을 때는 아파 보이는 얼굴이지만 남자들에게는 끌리는 외모인 듯하다. 공무원으로 처음 임용되었을 때, 그녀는 다른 직원들과 마찬가지로 아무것도 모르는 표정을 짓고 있었다. 눈만 동그랗게 뜨고 사람들이 무슨 말을 하는지, 자신이 무슨 행동을 해야 하는지, 한마디로 똥오줌 못 가리는 상황이었다. 그도 그럴 것이 신임 직원으로서 아직 일에는 서툴렀기 때문에 모두 이해했다. 처음 업무를 맡으면 많이 힘들어했다. 한 달, 두 달 지나서도 그녀는 일에 적응하지 못했고 처음 임용되었을 때와 전혀 나아지지 않은 듯했다. 그녀가 할 수 있는 것이라고는 고개를 끄덕이는 일이었다. 업무에 미숙한 점이 있어 알려주고, 가르치려 하면 금세 눈물을 뚝뚝 흘려, 직원들이 더 이상 말을 하지 못하게 만들었다. 그녀의 그런 행동은 다른 사람들이 그녀에게 더이상 말을 하지 못하게 만드는 무기가 되어 버렸다. 처음 몇 개월 동안 직원들은 "그녀가 잘 몰라서, 처음이라 힘들어서 그렇다"고 생각했지만, 그녀의 행동은 더하면 더 했지 바뀌지 않았다. 시간이 갈수록 상습적으로 눈물을 흘렸고, 늘 아무것도 모르는 표정을 짓고 있었다. 자신의 업무도 제대로 하지 않으면서, 자신이 불리

228

뻔뻔하게 오수하니 화끈하게 들이데라

한 입장이 될 때에는 눈물을 흘리는 모습은 누가 봐도 좋지 못한 행동이다. 직원 중, 여자 직원들은 그녀를 보고 이렇게 말한다.

"눈물 흘리면, 봐 줄지 아나 봐! 일은 제대로 하지 않으면서 무슨 말만 하면 울어! 정말 짜증나는 직원이야!"

직장 생활하는 여성 중에는 J처럼 시도 때도 없이 눈물을 흘리는 사람이 꼭 있다. 상사에게 혼이 나서 울고, 일이 너무 벅차서 울고, 동료 직원에게 졌다는 이유로 운다. 눈물을 흘리는 이유도 참 가지각색이다. 직장에서 일하면서 실수도 할 수 있고, 다른 직원들과 비교당하는 일은 수없이 많다. 그런데 일부 여성들은 눈물이 여자의 무기라도 되는 것처럼, 눈물 바람을 하며 자신 앞에 벽을 세운다. 여자가 우는데 더 몰아붙이는 남자 또한 없다. 남자들은 여자의 눈물에 약한지 자신의 말에 눈물을 흘리면 어찌할 바를 모른다. 이러지도 못하고 저러지도 못하며 안절부절못한다. 자기로 인해 J가 눈물을 흘린 모습을 본 남자 상사는 그녀를 빗대어 나에게 이렇게 말한 적이 있다.

"무슨 말만 하면 울어대니 뭔 말을 더 어떻게 해야 해? 저렇게 질질 짤 거면 뭐하러 직장 생활을 해? 그냥 결혼이나 하지."

남자들 역시 시도 때도 없이 질질 짜는 그녀를 못마땅해 하고 있었다. 힘들 때마다 울면 직장 생활에서 울지 않은 때가 언제 있냐는 것이다. 막말로 직장에서는 뱃속을 다 까서 내 것이 아니라고 생각할 정도로 "나"라는 존재감을 잊고 살아야 할 정도인데,

Chapter 4

맘에 들지 않는다고, 혼이 났다고 직원들 앞에서 우는 것은 프로의식이라고는 전혀 찾아볼 수 없다. 남자들은 연애 상대의 여자가 우는 모습에 마음이 약해지지만, 직장에서 자꾸 울어대는 직장동료로서의 여자에게는 마음이 약해지지 않는다고 한다. 오히려 프로의식이라고는 손톱의 때만큼도 없다고 생각한다.

남자들의 대화 내용을 들어보면, 놀랄 만큼 격하게 무서울 때가 있다. 대화내용 중에 서로에게 욕을 하고, 거친 말을 해도 전혀 무서워하거나 놀라지 않는다. 선배 직원이 후배 직원에게 혼을 내거나 욕을 하며 일을 가르쳐도 후배 직원은 절대 눈물을 흘리지 않는다. 분명 그 남자 선배들은 여자 후배들에게 말을 할 때, 욕도 하지 않고 거친 말도 하지 않지만, 일부 여자 후배들은 눈물을 흘리기도 한다. 그러니 남자들은 이런 여자들의 모습을 보았을 때, 당황하고 자신으로 인해 여자가 눈물을 흘렸다는 생각에 죄책감을 갖기도 한다. 당연히 그 이후로는 그녀에게 제대로 말을 하지 못하고, 무슨 일을 시키지도 못한다. 그러면 그럴수록 그녀는 직장에서 따돌림을 당하게 된다.

"저는 개인적으로 직장에서 우는 여자들이 제일 이해가 안 돼요. 대체 왜 우는 걸까요? 저도 여자지만, 우는 이유를 모르겠어요. 누가 자기를 잡아먹기나 하나요? 직장 생활하면서 혼

뻔뻔하게 오구하니 화끈하게 들이대라

날 수도 있고, 실패할 수도 있는데 툭하면 울고 툭하면 우니 정말 짜증납니다. 전 이제껏 15년 동안의 직장 생활 중 단 한 번도 울어본 적이 없습니다. 여자들이 울면 남자들이 얼마나 싫어하는지 아세요? 막말로 '재수 없다'고 표현하는 게 맞을 것 같아요. 실제로 남자 직원들이 하는 말을 제가 들었거든요. 능력이 안 되면 일을 하지 말지 능력도 개뿔 없으면서 얼굴 하나 믿고 출근해서 눈물만 흘리다 하루 보낸다면서 매우 싫어합니다. 남자들은 직장에서 인정받으려고 얼마나 피 터지는 노력을 하는데 일부 여자들은 미인계를 써가며 상사에게 눈물 한 번 흘리면 타박도 받지 않고 운 좋으면 좋은 기회를 얻을 수 있으니 얼마나 아니꼽다고 생각하겠어요. 솔직히 여자인 제가 생각해도 정말 창피합니다. 제 직장에도 그런 여자 하나 있어요. 그런 사람은 꼭 한 명씩 있나 봐요."

231

– 대기업 근무, 40세, 여

여자의 외모로, 여자의 눈물로, 여자의 애교로 사회에서 인정받는 시대는 지났다. 오래전에는 여자가 직장 생활을 많이 하지 않았기에 여자는 직장에서 꽃이고 대접받는 사람이었다. 가만히 있어도 인정받았고, 능력보다는 미소와 애교 그리고 눈물을 더 중요시 여겼다. 어떤 일을 맡겨도 못한다고 고개를 설레설레 젓고 눈물만 흘리면 모두 용서되는 시대였다. 하지만 지금은 그 시대와는 180도 바뀌었다. 남자들과 똑같이 능력을 인정받아야 하며, 남자들보다 더 강해야 직장에서 인정받을 수 있다는 것이 사실이 되어버렸다. 그리고 대부분의 여성 직장인들은 이 사실을 알고 자신의 커리어를 쌓기 위해 불철주야 노력하고 있다. 그런데 일부 여성들의 어처구니없는 행동으로 여성들이 싸잡아 욕을 먹기도 한다. 소수의 잘못된 행동으로 진정한 직장인으로 인정받기를 노력하는 다른 여성에게 피해를 주는 일은 없어야 할 것이다.

남자는 여자의 눈물에 약하다는 것은 사실이다. 하지만 직장에서는 여자가 아닌 남자와 똑같은 직원으로 동등한 입장에서 시작해야 한다. 직장에서까지 여자로 대접받기 위해 온갖 술수를 동원해서 이리 빼고 저리 빼는 여우 같은 존재가 되어서는 안 된다. 처음에는 신기하고 호기심에 남자들의 관심을 받을지도 모른다. 하지만 시간이 흐를수록 그 관심은 점점 무관심으로 변하고 말 것이다. 직장에서는 여자가 아닌 커리어가 넘치는 직원으로 살아야 한다는 것을 잊지 말아야 한다. 눈물 한 방울이 커리어를 만들어주는 것이 아니다. 일부러 눈물 짜낼 시간 있으면, 하나라도 더 배우고 공부해라. 그리고 사회에서의 내 후배들에게 나는 이렇게 말해주고 싶다.

"제발! 남자들 앞에서 울지 마! 여자의 자존심을 지켜줘! 질질 짜는 여자 좋아하는 머리 텅 빈 남자는 단 한 사람도 없어!"

뻔뻔하게 오구하고 화끈하게 들이대라

8. 앞에서 웃는다고 뒤에서도 웃는 게 아니야

"뒤에서 호박씨 깐다"는 말이 있다. 앞에서는 웃으며 얘기하다 뒤돌아서면 험담을 한다는 뜻이다. 직장 생활을 시작하기 전에는 이 말을 한 일도 들어본 일도 없었지만, 직장 생활을 시작하자 내가 제일 많이 들은 말이고 절실히 실감했던 말이 되었다.

생각해보면 학생 시절에는 취업에 대한 걱정은 있었지만, 누군가의 눈치를 보며 비위를 맞춰야 하는 일은 없었던 것 같다. 직장 생활이 시작되면서 느는 것은 눈치였고, 잘하는 것은 웃는 것이 되어버렸다. 그만큼 남의 돈 벌기가 힘들다는 것을 실감했다. 필요에 의해서 사람들은 싫든 좋든 상대방에게 웃어주고, 마음에도 없는 말을 한다. 상대방이 어떤 사람이든 상관없는 듯하다. 그런데 이상한 것은 그 상대방이 여자인 경우가 많다는 거다.

"여자들은 좀 이상한 것 같아요. 자기들이 모두 능력이 좋은 사람이라고 생각하는 것 같아요. 앞에서 잘한다고 칭찬해주고 웃어주면 정말로 자신들이 잘하는 사람이라고 생각해요. 솔직히 남자들이 여자들한테 타박하거나 비판하는 일을 하지 못해요. 아시다시피 여자들의 눈물에 남자들은 마음이 흔들려서 혼을 낼 수가 없거든요. 가르치고 싶어도 귀찮고 또 무슨 소리를 들을까 걱정돼서 하지 않으려고 해요. 그리고 그냥 잘했다고 웃어주면 전 좋은 선배가 될 수 있더라고요. 그냥 제가 참는 거죠. 그 직원이 일을 제대로 못 해서 답답하면 제가 대신하면 되거든요. 옆에 끼고 가르칠 수가 없어요. 불편하기도 하고요. 여자들이 그 사실을 스스로 알아주었으면 좋겠는데 그렇지 않더라고요. 그냥 사람들이 자기를 좋아하는 줄 아는 것 같아요. 그런데 사실은 그게 아닙니다. 앞에서 웃어주고 뒤에서 보이지 않은 곳에서 욕하고 그래요. 여자들은 그걸 모를 겁니다."

– 공무원 8년 차, 36세, 남

뻔뻔하게 인수하니 화끈하게 들이대라

앞서 말했듯이, 남자들은 눈물 흘리는 여자를 직원으로서 싫어한다. 그렇다고 남자들이 눈물 흘리는 여자를 대놓고 타박하거나 혼을 내는 일은 거의 없을 것이다. 물론 그중에는 정말로 직원으로 대하며 일을 가르치기 위해 혹독하게 대하는 직원도 있지만, 대부분 직원은 그녀들을 그냥 좋게 대한다. 눈물을 흘려 곤란해질까 두렵고, 입 아프게 일부러 말해주기 싫어한다. 한동안 같이 근무하다 다른 부서로 발령 나면 그만이라는 생각에 타박보다는 웃음으로 끝을 내려 한다. 남자들의 그런 모습 덕분에 여자들은 자신이 잘하는 사람이고 사람들이 자신을 좋아해 준다는 착각을 한다. 뒤돌아서서 어떤 말을 할지 알지도 못하면서 말이다.

"저는 직장 생활이 정말 재밌어요. 동료도 좋고 상사도 자상하세요. 일은 뭐 별로 힘들지 않고 모두 만족해요. 직원들은 저에게 모두 호의적이고 일이 서툴러도 저에게 타박하거나 혼을 내는 일도 별로 없어요. 다른 남자 후배들한테는 많이 혼내는데 다행히 저는 아직 그렇지 않아요. 제가 일을 해 놓으면 잘했다고 말해줘요. 그 말이 저에게는 얼마나 큰 힘이 되는지 몰라요. 제게 자신감을 심어주거든요. 다른 부서 여자 동료들은 선배들이 막 혼낸다고 하던데 저는 발령을 잘 받은 것 같아요. 힘든 일도 안 시키고, 제가 할 수 있는 선에서 일을 시켜요. 전정말 감사해요. 항상 웃어주고, 많이 배려해 주는 것 같아요."
— 공무원 2년 차, 29세, 여, K 씨

K는 직장 생활에 매우 만족하고 있다. 공무원이 된 지 비록 얼마 되지 않았지만, 그녀의 직장 생활은 탄탄대로인 것 같다고 한다. 좋은 부서에 발령받고 좋은 동료와 선배들을 만나 힘든 고생도 하지 않고 인정받으며 산다고 말한다. 자신에게 타박하거나 혼을 내는 일도 없으며, 모두 자신에게 웃어주는 가족 같은 직원들에게 고맙다고 말한다. 하지만 정말 그녀의 동료 직원들은 그녀의 능력을 인정해서 칭찬하고, 그녀가 뭐든지 잘한다는 이유로 앞에서 웃어주는 것일까? 그것은 그녀의 착각일 뿐이다. 동료직원들은 경쟁사회에서 그저 경쟁자 한 명을 제외시켰다고 생각한다. 더 이상의 발전 가능성을 엿보지 못한 그녀를 성장시키고 가르치려는 생각은 이미 머릿속에서 떠난 지 오래였을 것이다. 그저 앞에서 웃지만, 뒤돌아서서 비난하고 험담하는 일이 다반사다. 더욱 비참한 사실은 그런 부류의 여자들은 그 사실을 알지 못한다는 것이다. 그저 자신이 직원들 사이에서 인정받고 인기가 많다고 생각한다. 그리고 그 사실을 알리거나 자신에게 충고라도 한마디 해주는 여자 직원이 있으면, 자신을 질투한다고 생각한다.

올해 공무원 3년 차인 그녀 때문에, 그녀가 속한 팀은 오늘 아침 한 시간 동안 회의를 했다. 회의 내용은 팀원들이 그녀와 일을 하지 못하겠다는 내용이다. 이유는 그녀가 위계질서도 모르고 버릇도 없으며, 기본이 안 되어 있다는 것이다. 선배들이 하는 말에 자꾸 말대꾸하고, 일을 처리함에 있어 신중하지도 못하고, 일을

뻔뻔하게 오수하~ 황끈하게 듵이데라

가르치면 잘 배우려 하지 않는다고 한다. 팀워크가 중요한 부서인데 이런 분위기로는 도저히 그녀와 같이 일할 수 없다고 한다. 그래서 인사 발령을 내주라는 건의로 한 시간 넘게 회의가 진행되었다. 같은 사무실에서 근무하는 여자는 그녀와 나뿐이었다. 직원들은 나에게 그녀에게 대신 사실을 말해달라고 부탁했다. 같이 일한 지 일 년이 지났음에도 제대로 업무 처리를 하지 못하고, 자만심이 강해 겸손할 줄 모른다고 한다. 나는 팀원들의 말을 듣고 한 가지 의문점을 가졌다. 이상하게도 내가 옆에서 봤을 때는 직원들이 그녀와 잘 지내는 것 같았다. 그래서 직원들에게 그 점에 대해 물었다.

"잘 지내던데, 무슨 말이에요? 분명 서로 깔깔거리며 웃고, 잘 배우는 것 같던데 아니었어요? 나는 정말 친한 사이라고 생각했는데?"

"무슨 소리예요! 겉으로만 그러는 거죠. 어떻게 대놓고 싫다고 해요. 우리 파트너끼리 외근 나가면 그녀에 대해서 얼마나 많은 대화를 하는데요. 그만큼 이야깃거리가 된다는 거죠. 정말 같이 일하기 싫어요. 자꾸 먼저 와서 친한 척하고 웃는데 어떻게 싫은 내색 하겠어요. 여자가 그러다가 상처 입으면 어떡하라고요. 불편하고 더 이상 가식적으로 웃기 싫어요."

"남자들은 그게 문제라니까. 싫으면 싫다, 잘못된 것은 고치라고 말해줘야지 무조건 웃는다고 같이 웃어주잖아요. 그러니까 그 직원 역시 자기를 좋아해 준다고 더 그러는 거라고요. 그렇게 행동하면 직원들이 자기를 좋아해 주니 계속 그러는 거라고요. 또 내가 총대를 메야겠어요?"

남자 직원들의 대답에 솔직히 여자 입장에서 어이가 없었다. 여자들은 사실을 말해주지 않으면 보이는 모습을 믿는다. 그 뒤 속사정도 모르고 좋아하던 그녀를 생각하니 안타까웠다. 내가 어떻게 말해줘야 할지, 내가 자기를 질투한다고 생각할까 봐 걱정되었다.

"아침에 회의했어. 무슨 내용으로 회의했는지 알지? 직원들은 너와 함께 일하기 싫다고 한다. 그 이유는 뭐 들어서 알 거야. 솔직히 나는 네가 직원들하고 정말 잘 어울리는 것 같았어. 서로 잘 웃고, 서로 잘 챙겨줘서 말이야. 그런데 직원들은 진심이 아니었나 봐. 솔직히 좀 불편하고 힘들었다고 하네. 웃는 얼굴에 침 못 뱉는다고, 네가 그렇게 웃어주니 일 못 한다고 타박도 못 하고, 버릇없는 행동을 꼬집어 말할 수도 없었다고 해. 너는 어떻게 생각해?"

"좀 어이가 없어요. 직원들은 저를 대할 때, 엄청나게 좋아하는 것처럼 보였거든요. 같이 재미있는 얘기도 하고, 같이 웃고 정말 즐거웠어요. 아침에 회의했다는 소식을 듣고 정말 이해할 수 없었어요. 그렇게 제 앞에서는 잘 웃고, 잘 대해주더니 어떻게 뒤에서 그렇게 불만을 토로할 수 있죠? 그동안 제 앞에서 했던 행동들이 모두 거짓이라는 거네요. 제가 버릇없게 보이는 것도 직원들

뻔뻔하게 요구하고 화끈하게 들이대라

이 편해서 좀 그렇게 했던 것도 사실이에요. 그렇게 했더니 별말이 없어서 해도 되는 것으로 생각했어요. 아무튼, 전 지금 몹시 멘붕입니다. 어떻게 이해해야 할지 모르겠어요. 제 앞에서 웃는다고 뒤에서도 웃는 게 아니네요."

남자, 여자를 불문하고 사람 관계는 백 프로 만족할 수 없다. 모두가 날 좋아할 수도 없고 모두가 날 싫어할 수도 있다. 내 앞에서 웃어주고 잘 해주는 행동이 그 사람들이 날 인정하고 좋아한다는 의미는 아니다. 그들의 웃음 뒤에는 늘 어떤 생각이 자리 잡고 있을지도 모른다. 앞에서 웃는다고 뒤에서도 웃는다고 생각하지 마라.

9. 일에 대한 책임감은 동료들을 감동시킨다

남자들은 흔히 직장에서의 여자들에 대해 이렇게 말한다.

"여자들은 일에 대한 책임감이 부족해. 그래서인지 동료 의식도 부족한 것 같아."

내가 직장 생활을 하면서도 많이 듣는 말이었고, 내가 그 주인공이 된 것 같은 기분이 들었던 적도 있었다. 회식에 참석하지 못하거나, 늦게까지 남아 일을 할 수 없을 때 몸소 느끼는 말이었다.

뻔뻔하게 오구하는 화끈하게 들이대라

이렇듯 여자들은 어쩔 수 없는 이유로 책임감 없는 직장인으로 낙인 찍혔다. 하지만 그 책임감이 꼭 회식에 참석하고, 야근을 통해서만 갖출 수 있는 것일까?

나는 2006년 첫 아이를 임신했다. 직장에 다니고 있었던 나의 임신 소식에 직원들은 하나같이 출산 이후 인원 결원에 대해 걱정했다. 분명 출산을 하면 출산 휴가와 함께 휴직할 것이라는 생각을 했던 것 같다. 그도 그럴 것이 지금도 그렇지만 출산과 동시에 휴직하는 여성이 많았다. 남들은 임신하면서부터 쉰다는 사람도 있던데, 나는 그럴 생각은 전혀 하지 않았다. 그런데 첫 아이를 임신한 순간부터 나에게 시련이 닥쳐왔다. 임신 16주까지 진행되었던 정말 힘들었던 입덧은 나의 한계를 시험이라도 하듯이 지치게 만들었다. 뭐든 먹고 나면 바로 화장실 변기와 친해져야 했고, 물만 먹어도 먹었던 물과 함께 노란 위액까지 토해내야 화장실에서 나올 수 있었다. 임신해서 16주가 되던 날 체중이 6킬로 이상 감소할 정도로 너무 힘들었다. 출근하기 전 집에서 토했고 출근 후 사무실에서 토해내고 퇴근 후 집에서 또 토해냈다. 먹기만 하면 자동으로 다시 나오는 현상은 하루에 스무 번은 더 만났던 것 같다. 주말이면 병원에서 수액을 맞을 정도였다. 기운이 없어 쉬고 싶었지만, 한 번도 입덧으로 인해 출근을 하지 않거나 휴가를 내 본적이 없다. 꾸역꾸역 토해가며 내 일은 완벽하게 해냈고 그때부터 나는 '대단하다'는 말을 듣기 시작했다. 배가 불러오고 막달이 다가와도 낮에 낮잠 한 번 자보지 않았고 내 일을 게을리 한 적도 없었다. 심지어 출산 당일까지 일하고 밤에 병원에 갔다. 내가 생각해도 대단했다. 더 대단한 일은 출산휴가 동안 우리 직원들은 내가 휴가였는지 느끼지 못했다는 것이다. 내 자리의 공백을 메워줄 직원이 배정되지 않았고 어쩔 수 없이 일주일에 한 번 출근해야 했다. 급한 업무는 전화로 해결했고 내가 꼭 해야 하는 일은 출근해서 일을 처리하고 돌아왔다. 그런 나를 보며 그 당시 상사였던 그분은 내가 책임감이 뛰어나고 의리가 있는 직원이라고 생각했다고 한다. 그렇게 출산 휴가 3개월 동안 내가 할 수 있는 일을 처리했고, 그 덕에 업무에 지장을 주지 않았다. 출산 휴가 3개월이 끝난 이후 직원들의 염려와는 반대로 육아휴직을 하지 않았다.

242

직장에서 일에 대한 사명감과 책임의식은 상사에 대한 충성심과 늦은 야근 업무, 그리고 회식 업무로만 갖출 수 있는 덕목이 아니라는 것을 알았다. 나는 나름대로 일에 대한 프로의식과 책임의식을 가지고 있었고, 내가 생각하는 방법으로 그 일을 했다. 여자가 결혼해서 임신하고 출산하는 것은 당연한 일이며 법으로 보장받는 일이지만 내 앞에 떨어진 불을 모른 척하고 있을 수만은 없었다. 누군가 알아주기를 바랐던 것도 아니었는데 그래도 다행히 상사와 직원들은 그런 나의 모습에 적지 않은 감동과 프로의식을 느낄 수 있었던 것 같다. 분명 출산휴가 중이었지만, 그렇다고 완벽한 출산휴가를 즐긴 것도 아니었다. 조금 귀찮고 신경 쓰지 않아도 그만이었지만 사람마다 가지고 있는 일에 대한 책임감의 정도라고 생각했다. 나는 둘째 역시 첫째 아이와 마찬가지로 출산휴가 동안 또 같은 일을 반복했다. 덕분에 휴가가 끝난 이후에도 내 일의 공백을 메우기 위해 안간힘을 쓰지 않았다. 3개월간의 공백 기간이었지만, 누구보다 직장의 분위기와 흐름을 더 잘 알 수 있었다. 일에 대해 책임감이 있고 의리가 있다고 생각해서인지 가만히 앉아있어도 나에게 정보를 제공해 주는 이들이 하나둘씩 생겨나기 시작했다. 그들은 지금도 나에게 특별한 인적 보물이다.

"남자들이 왜 여자들에게 책임감이 부족하다고 말하는지 아세요? 솔직히 여자들은 너무 가정일을 직장 일보다 더 우선시하는 것 같아요. 아이가 아프다고 못 한다고 하고, 집에 빨리 가야 한다고 못한다고 하고, 시댁에 급한 일이 있으니 안 된다고 합니다. 아무리 일 잘해도 사적인 일로 이리 빼고 저리 빼는 건 남자들이 싫어하죠. 남자들은 뭐 하고 싶어 하는 일이 아니잖아요. 그녀들을 대신해서 우리가 해야 하는 일이잖아요. 자기들 일이면 어떻게 해서든 본인들이 해결해야 하는 거 아닌가요? 아니 뭐, 작가님이 여자시니까 제 말이 별로 타당하다고 생각하지 않을 수 있지만, 솔직히 좋아 보이지 않습니다. 일에 책임감을 가지고 임해야죠. 안 그런가요?"

– 대기업 근무 10년 차, 38세, 남

남자들은 여자들이 직업의식도 없고 책임감이 부족하다는 근거로 이런 말을 자주 한다. 회식에 참석할 수 없어서, 야근을 할 수 없어서, 워크숍에 참석할 수 없는 여자들이 일에 책임감이 없다고 말이다. 남성 위주의 직장 생활에서 여자들이 해결해야 할 장애물이며, 고쳐야 할 남자들의 생각이라는 것을 잘 알고 있다. 하지만 백날 알고 있어도, 그 말에 동의하지 않고 고치려 애를 써도 쉽게 고쳐지지 않는 게 그들의 생각이다. 그 사실을 알면서 남자들의 생각이 바뀌길 바란다는 것은 오천 년 전 역사를 송두리째 바꾸려는 것과 다르지 않다. 여자들에게는 직장 생활 중에 닥쳐오는 여러 가지 가정사가 있다. 특히 기혼 여성들은 퇴근 후 아이들을 돌봐야 하고, 남편의 스케줄과 겹치지 않게 시간을 내야 하고, 직장 일로 바쁜 와중에도 시댁의 일도 돌봐야 한다. 일이라고 생각하면 하나부터 열까지 일이 아닌 일이 없을 만큼 여자에게 주어진 일이 너무 많다. 직장여성들은 그래도 그 수많은 일 들 중에 꼭 해야 하는 일만, 꼭 필요한 경우에만 몸을 움직인다. 그런데 남자들은 그런 이유로 '여자들은 책임감이 없다. 직업의식이 없다.'라며, 비판한다. 참 미치고 팔짝 뛸 일이다. 남자들이 지금 일을 하면서도 책임감이 강한 사람으로 남을 수 있는 이유가 퇴근 후 그런 남편을 대신해서 아이들을 챙기고 시댁을 챙기는 책임감 있는 아내 때문이라는 것을 모르는 것 같다.

뻔뻔하게 오수하니 화끈하게 들이대라

나는 12년의 직장 생활 동안 적어도 책임감이 없고 직업의식이 없다는 말을 들어보지 않았다. 그렇다고 매번 있는 회식에 꼬박꼬박 참석하지도 않았고, 급한 집안일을 모른 체하지 않았다. 아이가 아플 때는 출근도 늦게 했다. 하지만 한 가지 확실하게 말할 수 있는 것은 내 일에 프로가 되었고, 나를 필요로 할 때, 그리고 동료 직원들이 나에게 도움을 요청할 때 난 늘 그들 옆에 있었다. 그들에게 필요한 일, 그들에게 이로운 일을 위해 내가 아는 한 도움을 주려고 노력했다. 사무실 일은 나를 통해서만 가능하게 만들었고, 직원들은 퇴근 후에도 나에게 늘 전화로 도움을 요청하기도 한다. 사실 귀찮고 짜증 나는 일도 있지만, 그만큼 내가 그들에게 중요한 존재라는 생각에 금세 기분이 좋아진다.

남들이 알아주지도 않은 회식이나 야근으로 인정받기는 쉬운 일이 아니다. 하지만 내 일을 하면서 남들에게 존재감을 심어 줄 수 있는 일은 찾아보면 쉽게 얻을 수 있다. 사소한 일 하나에도 그들에게 책임감을 보여주고, 의리 있는 행동을 한다면 그들을 감동시키는 일은 어렵지 않다. 진정한 리더는 일에 대한 책임감과 프로의식으로 동료들을 감동시킬 줄 알아야 한다.

Chapter 4

10. 네가 성공해야 후배도 성장할 수 있어!

"여자의 적은 여자"라는 말이 있다. 여자가 성공하는 것을 싫어하고 시기하는 것이 여자라는 뜻이다. 자기보다 잘 되는 여자는 괜히 밉고 주는 것 없이 싫다고 한다. 그래서 "여자의 적은 여자"라는 말이 탄생한 것 같다. 하지만 여성들이 착각하고 있는 사실이 있다. 바로 여자가 성장하기 위해서는 성공한 여자가 있어야 한다는 것이다. 성공한 남자들만 있는 세상에서는 절대 성공한 여

뻔뻔하게 요구하고 확근하게 들이대라

자가 탄생할 수 없다. 여자를 위한 그리고 여자가 성장할 수 있는 발판을 제공해 줄 수 있기 때문이다.

"제가 일하는 곳은 죄다 남자들뿐이에요. 그래서 그런지 처음 제가 입사했을 때, 여자 화장실이 없었습니다. 그 정도로 여자가 일하기에는 너무 불편한 것이 많았어요. 지금도 남자 직원들의 수가 아주 많습니다. 여자 직원들을 보기가 어려울 정도예요. 벌써 15년이 되었네요. 제가 처음 입사했을 때, 이런 결심을 했습니다. '꼭 내 여자 후배는 나처럼 맨땅에 헤딩하지 않게 해야지, 내가 잘 길을 뚫어야겠다.' 이렇게요. 여자 직원들을 위한 휴게실, 화장실, 탈의실 정도는 있어야 한다고 생각했어요. 저는 입사 이후로 제 능력을 먼저 인정받아야겠다고 생각했습니다. 그래서 열심히, 누구보다 더 잘하려고 노력했습니다. 제가 성공해야 제 후배들이 성장할 수 있다는 것을 깨달은 거죠. 열심히 하니 저에게도 좋은 날이 오더군요. 지금 저는 이렇게 승진해서 부장이 되었습니다. 여자 직원들을 위한 화장실, 휴게실, 탈의실은 당연히 만들었고, 여자 직원들이 승진하는 데 유리할 수 있도록 물심양면으로 도와줍니다. 제 도움을 받고 성장하는 여자 직원들을 보면 저 자신이 무척 자랑스러워집니다. 제 후배들은 또 그 후배들을 위해 성공자가 되겠지요."

– 자동차회사, 38세, 여, K 씨

247

K 씨는 나에게 인터뷰를 하면서도 옛날 추억이 떠오르는지 미소 반, 아쉬움 반의 감정을 보여줬다. 그녀는 자동차 회사에 취직해 처음 해봤던 일이 자동차 세일즈였다. 그 당시 아니 현재도 자동차 세일즈맨의 직업을 가지고 있는 여성이 많지 않다. 그 당시에는 가뭄에 콩 나듯 아주 희귀했던 존재였다. 그녀가 처음 입사했을 때, 여자 화장실이 없는 것을 보고 깜짝 놀랐다고 했다. 그렇지 않아도 남성 위주의 시스템으로 회사가 돌아가는데 여성 직장인이 한 명 없는 회사에 여자 화장실이 있었던 게 더 이상한 일이었을 것이다. 그녀는 자기가 본받을 수 있는 여성 리더가 없다는 사실에 적잖은 실망을 했고, 같이 어울릴 수 있는 여자 직원이 없어 낙심했다고 했다. 하지만 그녀는 다시는 자기와 같은 여자 직원이 없어야 한다는 생각으로 자신이 여성을 대표하는 성공한 여성 리더가 되기로 결심했다고 한다. 남들보다 더 열심히 했고, 남성들 틈 속에서 살아남기 위해 더 치열하게 경쟁했다. 그리고 어느새 부장이 되어 여자 화장실을 만들었다. 이제는 여성 후배들을 가르치고, 보듬어주는 여성선배 직장인, 여성 리더가 되었다. 여성은 여성이 인정해주고 보듬어 줄 때 진정한 성공의 발판을 찾을 수 있다는 것을 보여주고 있다.

나는 12년 전 경찰관이 되었다. 내가 경찰관이 되어 처음 초임지에 배치되었을 때, 여자경찰관이 딱 한 명이 있었다. 물론 내 동

뻔뻔하게 오수하고 화끈하게 들이대라

기들을 제외한 내 여자 경찰관 선배를 말한다. 그녀는 당시 임신 중이었고, 육아휴직으로 처음에 별로 친해지지 못했다. 나는 여자 경찰관으로 처음 파출소에 배치되었다. 그곳에는 여자 화장실은 물론 휴게실, 탈의실이 전무했다. 화장실도 남자 직원들과 함께 같이 사용해야 했고, 탈의실 역시 별도로 지정되지 않았다. 내가 본받아야 하는 여성 리더나 성공자는 없었다. 그래서 나는 스스로 성공한 여성이 되리라 결심했다. 내게 주어진 일, 남에게 주어진 일마저 내 일처럼 열심히 했고, 남자들 틈 속에서 스스로 여자이길 포기하며 남자들과 친해지려 했다. 워낙에 좋은 모습을 보지 못하며 일을 해야 하는 업무 특성상 항상 예쁜 말만 할 수 없었고, 예쁜 말만 들을 수 없었다. 솔직히 여자가 쉽게 버티기에는 어려운 업무이지만, 출근해서는 내가 남자가 되었다고 생각하고 일하면 못할 일도 없었다. 경찰업무 특성상 여성 관련된 사건이 발생하면 여자 경찰관이 필요한 경우가 많았다. 그때야 비로소 여성성을 가지고도 충분히 내가 할 수 있는 일이 있다는 것을 알게 되었다. 성공하기 위해서, 그리고 머지않아 맞이하게 될 내 후배들을 위해서 성공한 리더가 되려고 노력했다. 12년이 지난 지금, 누구도 나를 무시하거나 푸대접을 하는 사람이 없을 정도로 내 일에 프로가 되었다. 아직은 조금 부족하지만, 조금의 노력이 더 보태지면 지금 있는 내 후배들을 위해 성공한 여성 리더가 될 수 있을 것이다.

"선배님! 저는 언제 선배님처럼 되죠? 정말 대단하신 것 같아요. 아무도 찍소리 못하잖아요. 선배님이 이렇게 인정받으시는 분이 있으니 우리 여경들한테는 정말 큰 백그라운드인 것 같아요. 여경의 어려운 점을 해결해 주는 분은 여경 선배님밖에 없다니까요."

후배가 어느 날 갑자기 나에게 이렇게 메시지를 보냈다. 자신이 곤란한 입장에 처해 있었는데 내 조언으로 현명하게 해결을 했다는 것이다. 나는 비록 결론을 돌출할 수 있을 정도로 정답을 알려준 것은 아니었지만, 후배는 사소한 조언이라도 힘이 되었고, 덕분에 해결할 수 있었다는 사실에 아주 많이 고마워했다. 든든한 여경 선배가 있어 가능했다는 말을 듣고 나 자신에게 감사했다. 나라는 존재가 누군가에게 힘이 되어 줄 수 있다는 사실에, 그것도 같은 여자 후배에게 힘이 되었다는 사실에 감사했다.

"여자의 적은 여자"라는 말은 분명 여자들이 만들어낸 말일 것이다. 남자이건 여자이건 누군가가 잘되면 질투심이 생기고 배가 아픈 것은 사실이다. 특히 여자가 잘되면 더 미워하고 시기하는 사람도 여자다. 같은 사무실에 근무하면서 여자 직원이 자신보다 먼저 승진을 하면 미워하고 질투하면서 남자 직원이 승진하면 축하해 주는 현상을 보면 알 수 있는 어쩔 수 없는 사실이다. 그러면 여자들 사이에서 미움받는다고, 질투의 대상이 된다고 성공의

번뻔하게 오수하니 화끈하게 들이대라

길을 오르지 않고 포기하는 사람이 될 것인가? 그것은 절대 올바른 선택이 아니다. 여자가 성공해야, 성공한 여자가 있어야 후배들이 뒤를 이어 성공하고 성장할 수 있기 때문이다.

성공해라! 그리고 후배가 성장할 수 있게 발판을 만들어라! 네가 성공해야 후배도 성장할 수 있다는 것을 잊지 말아야 한다.

11. 엄마 리더십은 세상을 고칠 수 있어

'엄마' 하면 무슨 생각이 먼저 떠오르는가?

당연히 따뜻하고, 인자하고, 가끔 무섭기도 하고, 힘들 때 찾고 싶은 그런 존재로 생각할 것이다. 맞다. 엄마는 정말 그런 존재다. 그만큼 엄마라는 존재는 우리가 세상을 살아갈 때 꼭 없어서는 안 되는 꼭 있어야 하는 삶의 안식처인 것이다.

지금 대한민국은 여성이 직장 생활과 육아를 함께한다는 것에

뻔뻔하게 요구하고 화끈하게 들이대라

그리 호락호락하지 않다. 남자들의 삐딱한 시선과 엄마 손이 필요한 아이들, 워킹맘을 전혀 배려해주지 못하는 기업체들이 여전히 여성의 사회생활을 어렵게 한다. 하지만 여성들이 사회에서 성장하고, 또 성공할 수 있는 능력을 가지고 있다는 것은 거의 모든 이가 알 것이다. 다만 능력을 발휘할 수 있도록 사회적 제도가 충분히 마련되어 있지 않다는 것이다. 그래서 여성들은 스스로 사회에서 낙오되고 또 그리하도록 조정받고 있다.

예전의 권력주의 시대에서 리더는 권위적이고 수직적인 리더가 대부분이었다. 또 그렇게 해야만 살아남았고, 실제로 여성이 리더가 되기 위해서도 스스로 남성의 본능을 가지고 권위적인 사람이 되려고 했었다. 짧은 커트 머리와 바지정장을 입고 화장을 거의 하지 않은 채 남성과 비슷한 외모로 흉내 냈고 또 행동했다. 더 권위적으로, 더 강해 보이기 위해 행동했다. 단지 그 자리에 올라서 있는 자신을 진정한 리더로 생각하기 위해 더 강해져야만 했었다. 그게 바로 권력주의 시대 리더의 모습이었다.

하지만 지금 21세기 시대는 지식정보화 사회다. 지식정보화 사회에서 권위적이고 수직적인 리더는 통하지 않게 되었다. 감성으로 시장을 형성해야 하고, 감성으로 판매를 해야 하는 시대에 무조건 지시만 하는 권위주의적 리더는 제대로 된 리더십을 발휘할 수 없다. 그리고 시대가 변하면서 사람들의 인식도 바뀌기 시작했다. 직장이라는 곳은 무조건 시키면 하는 조직이 아닌 서로의

253

의견을 나눌 수 있는 가족 같은 곳이라고 생각하게 된 거다. 또한, 예전의 강압적인 술 문화에서 벗어나 지금은 가벼운 와인문화, 차 문화가 형성되어 권위적인 리더들은 점점 설 곳이 없어지고 있다.

수직적인 지시에서 수평적인 의견 나누기로, 강압적인 술 문화에서 자유로운 차 문화로, 저녁 회식 문화에서 점심 회식 문화로 바뀌기 시작한 지금 이 시대에 진정으로 걸맞은 리더가 있다.

바로, 엄마형 리더다

엄마형 리더는 조직 구성원에게 따뜻하게 다가가고, 세심하게 보살펴 주며, 절대 권위적이지 않는다. 물론 빠른 결단력이 부족하지만, 더욱더 세세하게 일을 추진하여 실패 확률을 줄이는 데 효과적이다. 강압적인 회식 문화 대신에 가벼운 차 문화를 즐겨하여 조직 구성원들에게 부담을 주지 않을 수 있다. 지식 정보화 사회에서 감성과 어울리는 것을 기획하고 판매하여 감성 시장을 이끌 수 있다. 엄마처럼 편하고 힘들 때 의지할 수 있는 리더가 이 사회에서 인정받고 성공할 수 있는 이유다.

여성이 사회에서 리더로 성장할 수 있도록, 낙오되지 않기 위해 필요한 요소가 많이 있다. 물론 자신의 능력을 키우는 일이 가장 중요하겠지만, 가족의 도움과 사람들의 시선, 세상의 인식이 많이 바뀌어야 한다는 것을 우리는 이미 알고 있다. 대한민국에

254

뻔뻔하게 요구하고 화끈하게 들이대라

서 일하는 여성으로 산다는 것은 이 걸림돌들을 모두 이겨낼 수 있는 능력을 갖추었다는 뜻이다. 이러한 능력을 바탕으로 대한민국에서 여성 리더로 성공하기 위해 필요한 것이 바로 엄마 리더십이다. 지식정보화 사회에서 바라고 있는 조직 구성원들이 필요로 하는 엄마 리더십을 가지고 있는 여성 리더가 세상의 모든 편견과 인식을 바꿀 수 있을 것이다. 때문에 포기하지 말라. 처음부터 겁먹지 말라. 세상이 알고 있는 틀린 답을 고쳐라. 그리고 세상의 중심에 당당히 맞서라.

언젠가 일하게 될 내 딸을 위해!

뻔뻔하게 요구하고 화끈하게 들이대라

초판 1쇄 발행일 2014년 8월 31일

지은이 나상미
펴낸이 박영희
편집 배정옥·유태선
디자인 김미령·박희경
인쇄·제본 AP프린팅
펴낸곳 도서출판 어문학사
     서울특별시 도봉구 쌍문동 523-21 나너울 카운티 1층
     대표전화: 02-998-0094/편집부1: 02-998-2267, 편집부2: 02-998-2269
     홈페이지: www.amhbook.com
     트위터: @with_amhbook
     블로그: 네이버 http://blog.naver.com/amhbook
     다음 http://blog.daum.net/amhbook
     e-mail: am@amhbook.com
     등록: 2004년 4월 6일 제7-276호

ISBN 978-89-6184-347-8 03320
정가 14,000원

이 도서의 국립중앙도서관 출판시도서목록(CIP)은 e-CIP홈페이지(http://www.nl.go.kr/ecip)와
국가자료공동목록시스템(http://www.nl.go.kr/kolisnet)에서 이용하실 수 있습니다.
(CIP제어번호: CIP2014023587)